看懂狗狗的動作

狗語大辭典

透過安定訊號和肢體語言，
徹底了解狗狗的心聲！

晨星出版

作者序

雖然無法說出人類的語言，但狗狗其實是一種很會表達自己想法的動物，包括自身的心理狀態、目前所處的情況、或是承受壓力的情形，牠們都會透過某種肉眼可見的形式向我們訴說。

牠們展現給我們看的，有時候是生理性的反應，有時候是某個動作，有時候則是出現某種行為。狗狗的每一個反應、動作或行為，就好比是人類語言中的單字一樣，如果我們不知道每個單字的意思，就無法理解整句話的意義。反過來說，如果我們能看懂每個單字，也就能了解狗狗們的心理狀態、目前所處的情況，以及承受精神壓力的情形。

本書的目的在於將狗狗表現出的這些單字一一加以解讀，這本書可以說就像是一本狗語辭典一樣，而且連同語言的構成和其隱含的意義，也會加以說明。

針對犬隻行為或動作加以解讀的書籍，過去並非沒有出版過，而且在如今這種網路時代，只要上網一查，就能夠得知許許多多犬隻行為或動作的相關知識，只不過它們的說明方式，幾乎都是斷定地表示「A動作就等於B意義」。而本書則是以「由於A動作會導致C結果，所以它代表的是B的意義」，或是「由於A動作是因為D機制而引發，所以它代表的是B的意義」等方式，以更多的篇幅來解說狗狗為什麼會出現這些動作或行為。也因此本書比起單純的辭典，其實更像是一本狗語的百科辭典。

本書的第1章，將說明狗狗的生理性反應與其心理狀態的關係，同時也會解說引發這些反應的機制。

狗狗雖然無法像人類一樣做出那麼多的表情，但牠們的表情其實是非常豐富的，本書的第2章將說明構成狗狗表情的臉部，其各個部位的變化。

第3章和第4章則針對打哈欠、嘆息等動作，以及嗅聞地面的味道、舔飼主的臉等行為，一一加以詳細說明。

近年來，大家越來越重視被稱之為「安定訊號」的狗狗肢體語言，並透過它來解讀狗狗的心理狀態，而針對如何理解狗狗的安定訊號，第3章和第4章也有深入的說明。所謂安定訊號，是狗狗為了穩定自己的情緒或是安撫對方的情緒而採取的動作或行為。至於為什麼這些行為能有效安撫自身與對方的情緒呢？本書也將深入探討這個原因。

第5章的重點則在於探討狗狗所展現的行為中，對人類可能造成問題的行為。

最後的第6章，將針對狗狗的「吠叫」進行分析。雖然常常有人認為狗狗是在莫名其妙的「亂叫」，但狗狗的各種行為（包括吠叫在內）其實都是有理由或意義的，若我們能夠分辨出狗狗吠叫方式的不同，也就可以聽懂狗狗想要表達的各種情緒了。

此外，本書還有一個特色，就是會在章節中插入名為「狗語之外」的專欄，其中也包括我們人類可以透過哪些動作把自己的意思傳達給狗狗等內容。

過去人類總是把狗狗視為支配的對象，因此也認為理想的人犬關係就應該構築在服從關係上，換句話說，就是宛如殖民地的統治者和被統治者之間的支配關係，而支配方是用不著聽取被支配方的意見或想法的。但如今時代已完全不同，我們希望狗狗扮演的角色，還包括了感情融洽、共同生活的家人。

想要和對方建立良好的關係，就必須傾聽對方的心聲、了解對方的心理狀態和處境，若對方正承受著精神壓力，協助牠們解除壓力更是非常重要的一環。

衷心期待本書能夠幫助飼主和狗狗建立良好的關係。

2012年12月　西川文二

看懂狗狗的動作 狗語大辭典

透過安定訊號和肢體語言，徹底了解狗狗的心聲！

CONTENTS

CONTENTS

CONTENTS

第1章

狗狗的生理反應

1-01

眼睛顏色改變

憤怒　高興／開心　壓力　恐懼　興奮

在我們人類，有時候會用「眼色都變了」來形容突然對某件事感到著迷或激動的樣子。聽到這種話時，應該不少人會有「眼睛的顏色真的會改變嗎？」這種疑問吧？其實，眼睛的顏色看起來會有所改變，是因為瞳孔的大小產生變化的關係。

瞳孔是由虹膜所包圍的孔洞，光線會通過瞳孔而到達視網膜並刺激視神經，若以照相機來比喻，虹膜就相當於光圈，而瞳孔則是光線通過的部分。

雖然我們經常說瞳孔是藍色、咖啡色或其他顏色，不過那其實指的是虹膜的顏色。但「眼睛的顏色改變」並非是指虹膜顏色發生變化，而是因為虹膜的大小改變所導致。

當虹膜的部分縮小時，瞳孔就會放大，相反地當虹膜的部分擴大時，瞳孔就會縮小。瞳孔本身為單純的孔洞，穿過瞳孔，可看到透明的水晶體以及視網膜，視網膜除了些許的個體差異之外，一般看起來是黑色的，因此就算瞳孔是藍色、咖啡色或灰色的人，當瞳孔放大時，眼睛的顏色看起來都會有偏黑色的感覺。

瞳孔除了在陰暗的環境會放大之外，當交感神經強力作用時，也會產生同樣的變化。交感神經作用時，體內會釋放出一種稱為腎上腺素的賀爾蒙，刺激虹膜擴大肌收縮而造成瞳孔放大。

遭受強大的壓力或是興奮時，都有可能促使交感神經強力作用。因此，若狗狗不是在興奮的狀態下而眼睛的顏色卻發生變化時，就有可能是因為狗狗感受到壓力了。

以我的狗狗為例，牠只要一看到牠最喜歡的玩具，眼睛的顏色就會因為興奮而改變。

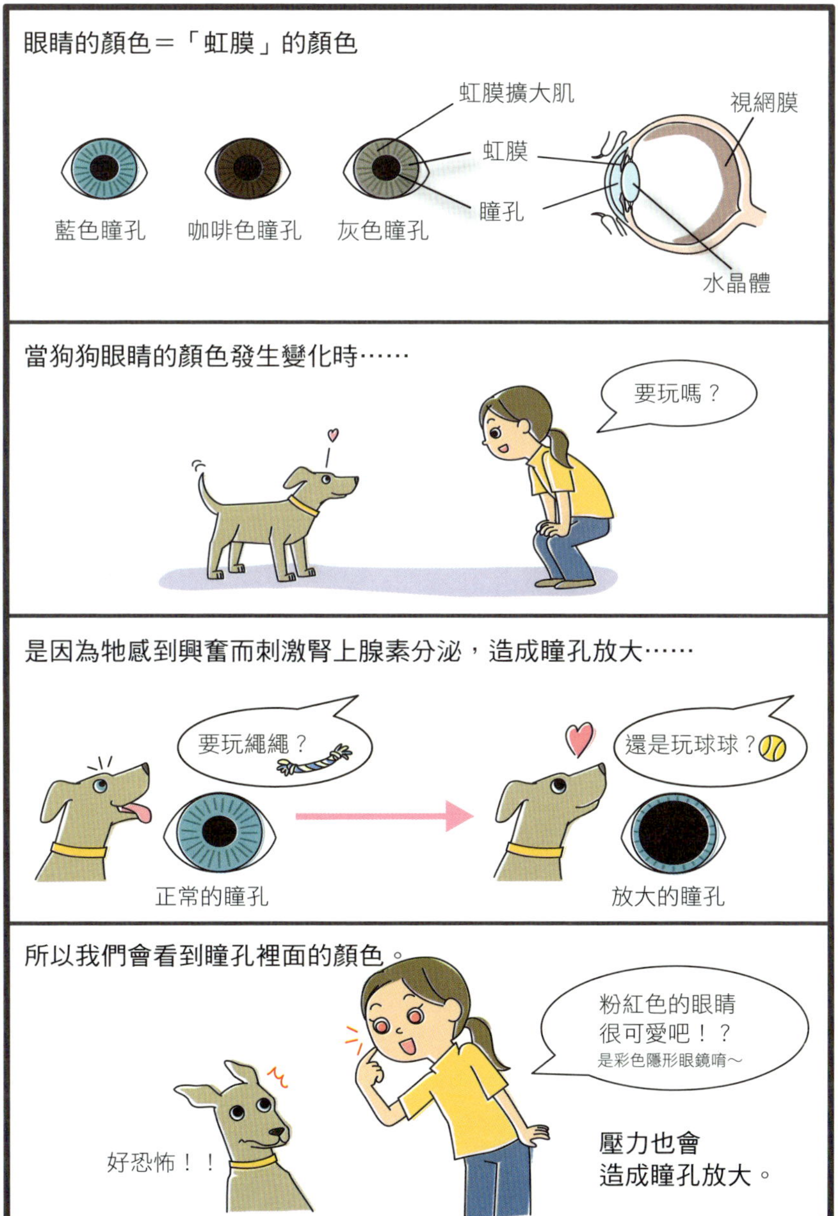

1-02

全身僵硬

壓力 不安 恐懼

全身僵硬（或許「嚇呆了」、「兩腿發軟」這一類的表現方式更容易讓人理解），是一種當人（動物）感到恐懼或危險迫在眉睫時，身體變得無法動彈的狀態。

身體僵硬的原因，也是因為交感神經的作用所造成。當動物遭遇到緊急狀態時，交感神經會強力地作用，使體內釋放出被稱之為「戰鬥或逃走賀爾蒙」的腎上腺素，產生全身肌肉僵硬、呼吸心跳增加的生理變化。

動物在感到恐懼或危險迫在眉睫時，通常會優先選擇「逃離這個場所」這種風險最低的行動。但因為逃走本身也是一種危險的行動，或是動物無法抉擇到底應該戰鬥或逃走而覺得非常緊張時，就有可能出現全身僵硬的反應。

狗狗一旦感到恐懼或危險時，就會經常出現這種反應。以筆者的狗狗為例，由於牠非常地討厭水，因此只要一靠近噴水池，牠馬上就會變得全身僵硬，如果在這個時候碰觸牠的身體，就會感受到牠的肌肉變得硬梆梆的，皮膚也會繃得很緊。

雖然直接將狗狗帶離牠害怕的地方能夠減輕狗狗的緊張感，但為了讓牠以後不再感到那麼害怕，採取積極的方式讓狗狗適應牠討厭的刺激（在這個例子中為噴水池），可能是一個更好的方法。首先從放鬆狗狗的皮膚緊繃感來開始讓狗狗漸漸適應。不需要使用太大的力量搓揉狗狗的肌肉，僅需以能夠推動皮膚的輕微力量按壓皮膚，接著在狗狗的皮膚上畫圓，以將皮膚從下往上推的方式進行按摩。

利用畫圓的方式搓揉狗狗的尾根部也會有明顯的效果。

狗狗感到高度緊張時，尾巴附近的肌肉會變得僵硬而導致尾巴無法順利搖動，但若對該處好好地進行按摩，緩解尾根部肌肉的緊張感後，狗狗的尾巴就可以平順地開始搖動了。

1-03

全身發抖

壓力　不安　恐懼

運動會的賽跑開始前、才藝表演上台前，或是要站在一大群人面前時，我想應該有很多人都曾有過手腳發抖的經驗吧？而造成這種情形的原因，就是緊張。

壓力會造成交感神經強力地作用，並使得全身呈現僵硬的狀態，此刻僵硬的不只是肌肉，皮膚也會變得緊繃，微血管收縮，末梢神經被周圍的組織壓迫，感覺和反應都變得很遲鈍。當身體出現這些反應後，行動會變得很笨拙，連平常可以做出的簡單動作也無法隨心自如。

狗狗會全身發抖，也是因為「壓力」這個原因。

有些狗狗在被飼主帶到外面時會不斷發抖，此時很多飼主都會誤以為狗狗是因為寒冷而發抖，還會幫狗狗穿上衣服，可是之後卻發現，明明已經不冷了，但狗狗還是在發抖，其實這只是因為狗狗覺得外面很恐怖。

碰到這種狗狗不斷發抖的狀況，首先要懷疑的就是狗狗目前正處在精神很緊張的狀態。與全身僵硬一樣，要解除這種緊張狀態，可以選擇的方法包括排除造成緊張的原因、離開會讓狗狗緊張的現場，或是利用按摩緩解狗狗的緊張。

若狗狗聽到放煙火時的聲響或打鼓聲等特定的聲音會發抖，飼主可將這些聲音錄下來，從小音量開始放給狗狗聽，讓牠漸漸適應這些外在刺激（參考本書第160頁）。

與全身僵硬不同的是，發抖只能靠視覺來確認，因此飼主應時常將注意力放在狗狗身上，才能即時掌握狗狗的心理狀態。

明明天氣並不冷……
轟隆轟隆……
好像快下雨了，
早點出去散步好了…
狗狗卻不斷發抖……
轟隆轟隆……
欸？很冷嗎？
這是由於狗狗正因為某種原因感到緊張……
那穿件衣服再
出門好了……
還是很冷嗎？！
那要不要改穿毛衣？
不是啦！
是打雷很恐怖好不好！！
穿再多件衣服也是沒用的！

1-04

背毛豎立

壓力 不安 興奮 恐懼

人在興奮或緊張時，由於交感神經的作用，肌肉會變得緊張，而在這些緊張的肌肉中，有一種肌肉稱之為豎毛肌，就如同字面一般，這種肌肉能夠讓毛髮豎立起來。

雖然有一句成語叫做「怒髮衝天」，不過筆者到目前為止還沒有看過有人可以將頭髮豎立起來。不過豎毛肌倒是經常會用到，那就是起雞皮疙瘩，雞皮疙瘩就是一種因為豎毛肌作用而讓毛髮豎起的狀態。

由於人類的體毛很稀疏，因此毛根收縮聳立的時候會很明顯，像是所謂「毛骨悚然的故事」，就是表示一種故事過於恐怖而讓聽的人起雞皮疙瘩的現象。

此外，全身上下起雞皮疙瘩的位置也分為容易和不容易兩種，經筆者詢問過不少人，發現有些人是手臂比較容易起雞皮疙瘩，有些人則是脖子比較容易，是有著個體差異的。

至於狗狗方面，只有幾個地方在毛髮豎立時會比較明顯。而根據毛髮的長短、面對恐懼的承受度高低，也分為容易看出和不容易看出的狗狗，不過一般而言，大部分是出現在脖子到背部的位置，其中短毛犬種又明顯比長毛犬種更容易觀察到毛髮豎立的現象。

筆者目前的兩隻伙伴狗狗，有一隻是短毛的混種日本犬，另一隻則是長毛的貴賓和臘腸混種犬，前者的性格屬於容易害怕的類型（對於恐懼的承受度很低），經常出現背毛豎立的現象，不論是狂吠想要把對方趕跑時，還是和初次見面的狗狗互相問候時，背毛可說是100％一定會豎立起來。

順帶一提，毛髮在寒冷的時候會豎立起來，是為了讓空氣層變厚來儘量減少體溫的喪失。由於寒冷對動物而言也是一種危險狀態，因此交感神經也會進行作用。

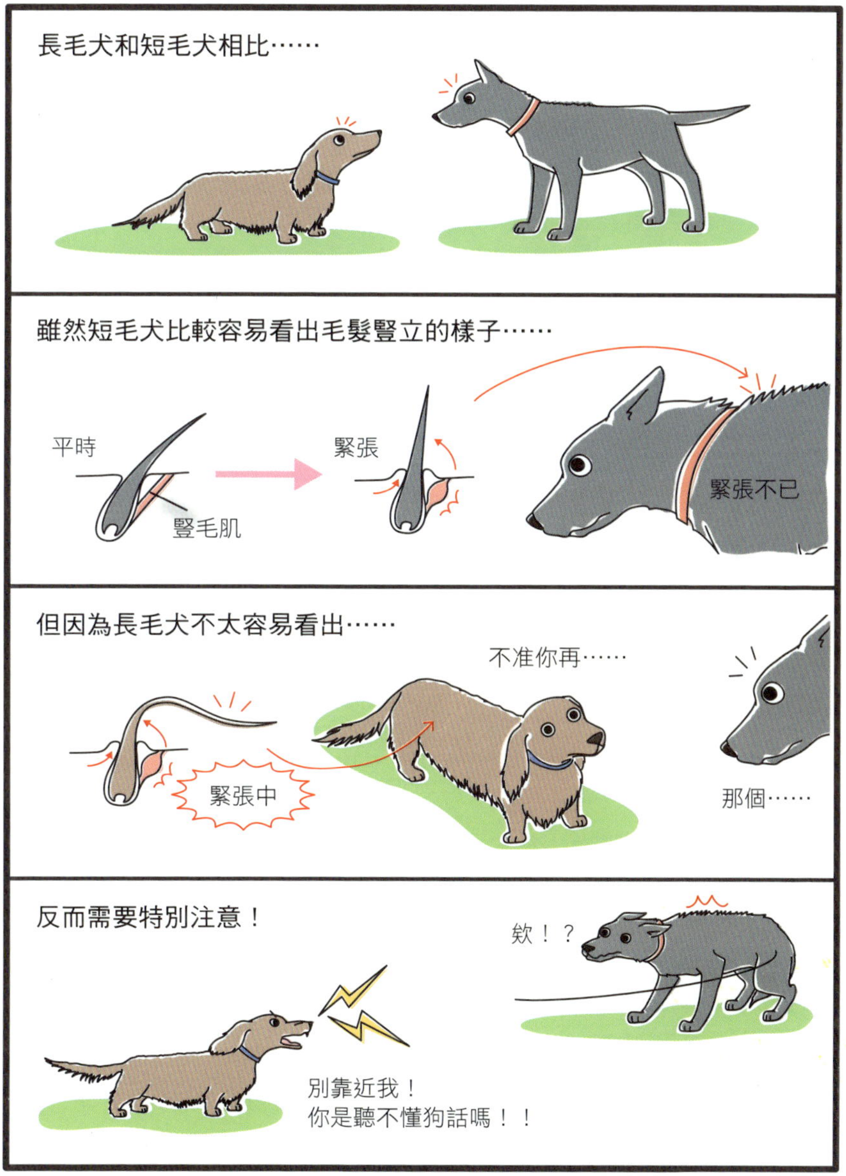

1-05

鬍子立起來

壓力　不安　興奮　恐懼

老鼠的鬍子，其實就跟**感應器**的功能一樣，當左邊的鬍子碰到什麼東西時，就會往左邊移動，右邊的鬍子碰到什麼東西時，就會往右邊移動。這種機制，就是即使在完全黑暗的環境中老鼠也能活動自如的原因。

貓咪的鬍子也有類似的功能，藉由鬍子來感應縫隙或洞穴的寬度，然後用來判斷自己是否能夠通過那些地方，可說是貓咪在獵捕獵物或迴避危險時，不可或缺的重要感應器。但如果是飼養在室內環境的家貓，由於能夠獲得充分的食物且不會受到敵人的攻擊，因此就算沒有了鬍子，對生活似乎也不會造成什麼困擾。

那麼，狗狗的鬍子又有什麼功能呢？

把狗狗送去寵物美容洗澡或剪毛時，如果沒有吩咐「不要剃掉鬍子」，美容師常常會把鬍子修剪得整整齊齊。狗狗的鬍子在過去或許曾經擁有感應器的功能，不過對於現代的狗狗來說，可能比貓咪還更不需要鬍子。

不過即使鬍子已經沒有了感應器的功能，對飼主來說，狗狗的鬍子還是具有其方便的功用。當狗狗感應到有緊急事件發生時，控制耳朵和嘴角的表情肌肉會變得緊張，豎毛肌也會有相同反應。這些肌肉緊張的結果，就可以看到狗狗的鬍子出現下垂或立起來的變化，若仔細觀察，便可以發現鬍子的變化比耳朵或表情的變化還要早出現，而且更加明顯。

舉例來說，對於某些很喜歡突然對其他狗狂吠的狗狗，可以觀察到牠的鬍子在吠叫前會一下下垂、一下又立起來，因此一旦出現這種情況時，就可以預測牠下一步會做出的行為。只要能了解行為出現前的前兆，就容易在事前加以對應，而經過適當地訓練，也有可能減輕狗狗的吠叫問題。

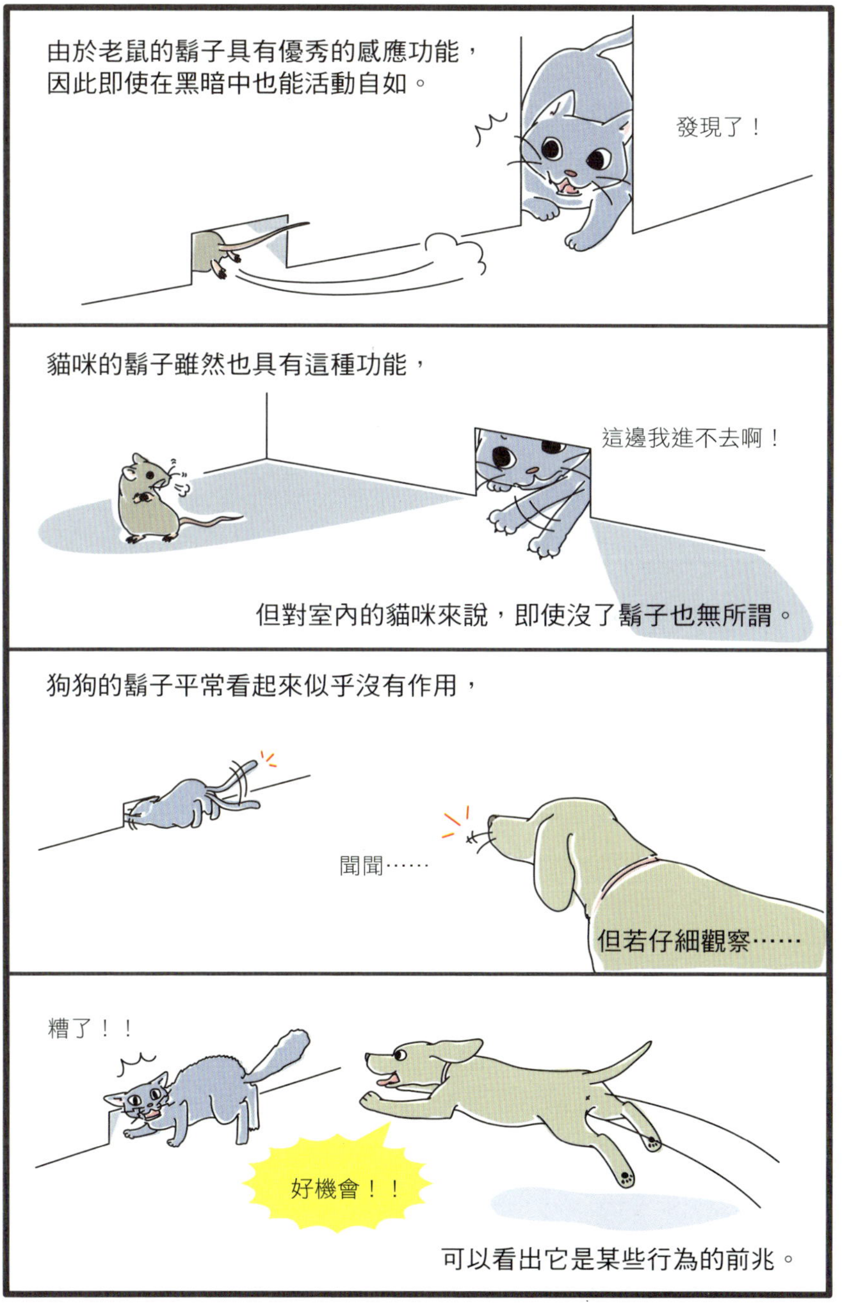

1-06

明顯掉毛

壓力 不安 恐懼

在筆者的學校裡，有開設一種讓4～5組飼主和狗狗一同參加的課程，目的是讓狗狗學習有其他狗狗在場時，也能夠將注意力集中在飼主身上。

在第一堂課程結束後往地面一看，有時候就會發現某隻狗狗的身邊有很明顯的掉毛散落一地。這種情形通常會發生在不太習慣社會化刺激的狗狗，而一直被飼主緊拉著牽繩的狗狗，有時也會在牠們身邊發現明顯的掉毛。這兩種現象，都是狗狗正處在精神強烈緊張狀態下的證據。

壓力所造成的掉毛，同人類也有因長期壓力而發生掉髮的案例一樣，只不過在狗狗身上時，會在數分鐘～數十分鐘的短時間內發生。

人類出現掉髮的機制，其流程是壓力→刺激交感神經→血液循環不良→毛囊母細胞營養不足→發生掉髮現象。另一方面發生在狗狗身上的短時間掉毛，則與豎毛肌的收縮有關，其機制為壓力→刺激交感神經→豎毛肌收縮→毛孔緊閉隆起→將廢毛（很容易脫落的毛髮）推出→產生掉毛，或是壓力→刺激交感神經→豎毛肌收縮→原本覆蓋在平躺毛髮下的已脫落毛髮，因毛髮豎起來而脫落→產生掉毛。

在第一次上課出現大量掉毛的狗狗，在多上幾次課後通常掉毛情況會改善許多，除了因為狗狗在每次上課時能夠得到足夠的零食而漸漸習慣課堂上的環境，飼主在上課後學習到如何從容地對待狗狗，不再將牽繩緊緊拉住，這些都可以減輕狗狗的精神壓力。

在寵物咖啡廳也經常會發現不少狗狗有這種大量掉毛的

情形，因此飼主一旦觀察到自家狗狗在某些特定狀況下出現大量掉毛時，很可能就是因為狗狗目前正處在精神強烈緊張的狀態下。

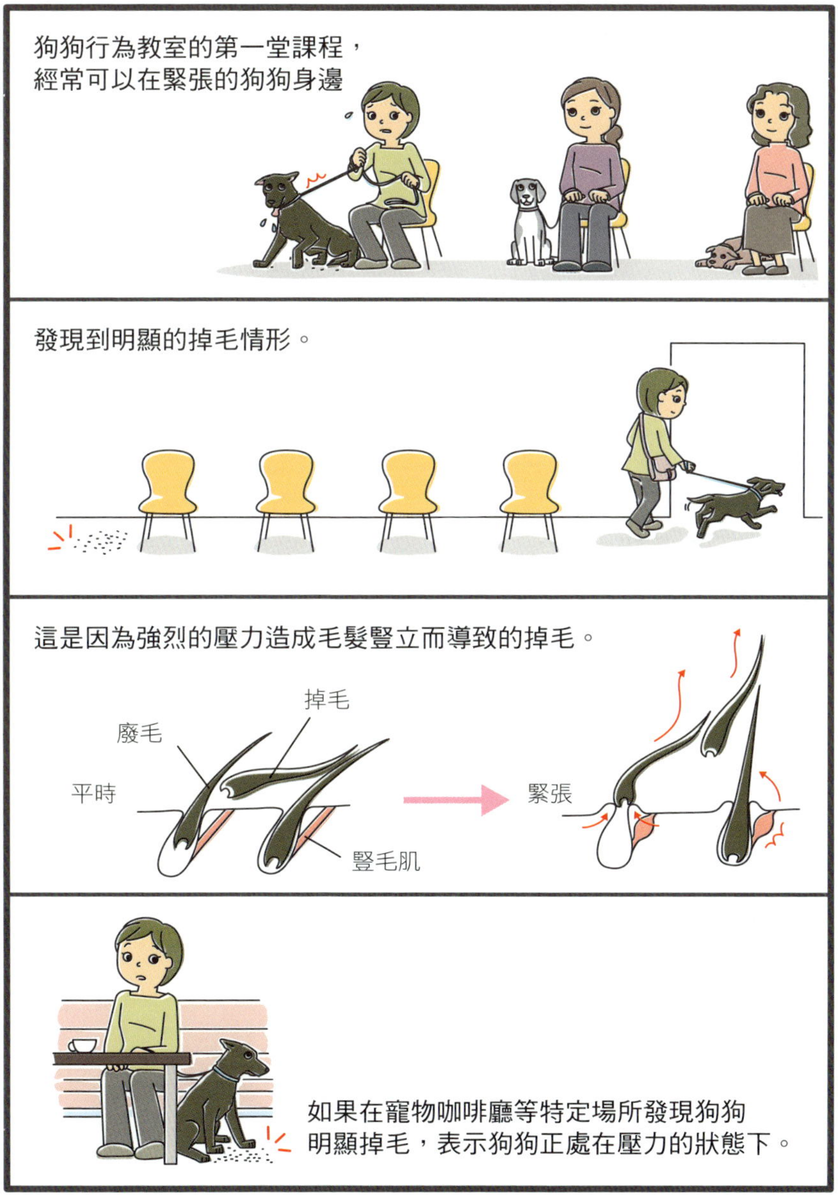

1-07

冒出很多皮屑

壓力 恐懼 不安

筆者所飼養的狗狗大福，過去曾經出現過一次突然從身上冒出很多皮屑的狀況。那次是為了幫專門學校的學生上課，所以讓狗狗站在美容台上，由我一邊說明項圈或其他道具的功用，一邊示範如何將這些道具穿戴在狗狗身上。

當大福被將近100名的學生包圍在中央，且視線都集中在牠的身上時，我發現大福的背部開始冒出很多皮屑。大福是貴賓犬與臘腸犬的混種犬，為長毛犬。像黑色的拉布拉多犬那種短毛犬，一旦身體冒出皮屑，自然很容易就被發現，但長毛犬種若不仔細注意通常是看不到毛髮中的皮屑的，而大福這次冒出來的皮屑，卻多到隨便一眼就能夠發現。

像這種冒出很多皮屑的狀況，其原因也是因為壓力。突然被這麼多人包圍，又站在比較高的地方，還不斷穿穿脫脫一些狗狗用的道具，這些都是跟平常很不一樣的狀況，對狗狗當然會造成很大的壓力。

那麼壓力為什麼會造成身體冒出皮屑呢？其機制就是狗狗感到壓力→刺激交感神經→豎毛肌收縮→原本覆蓋在平躺毛髮下的皮屑，因毛髮豎起來而跑到體表。此外因為皮膚的緊張和收縮，也有可能造成皮膚表面的角質剝離脫落。

順帶一提，人類也會因為精神壓力而造成皮屑增加，不過這是因為壓力造成皮脂分泌變多，或是因壓力導致的免疫力下降，進而使刺激皮屑生成的細菌增生所致。

過度的梳毛或使用了不適合的洗毛精也可能造成皮屑增加，但仔細觀察皮膚的狀況，這種皮屑通常還伴隨著發紅等皮膚症狀，與壓力性的皮屑增生有明顯的不同。

大家都在看我耶……
總覺得……
平時
皮屑或
剝落的角質
豎毛肌
有夠緊張的說～！！
緊張
毛髮豎起導
致皮屑跑到
體表
好像變成現場教材了……
有時候也會有這種
突然冒出很多皮屑的
情況。

1-08

肉墊潮濕

壓力
恐懼
不安

當我們感到緊張或興奮的時候，經常會有手心出汗的現象，這種出汗與調節體溫而流的汗水並不相同，是由於交感神經的作用所致，而其實這個時候腳底也會出汗，只是一般我們並沒有察覺而已。

這種出汗現象原本是動物為了在野外生存的一種必要生理反應，當動物遇到戰鬥場面而不得不逃亡時，若手心和腳底都是乾燥的，不但無法抓緊物體，逃跑時的抓地力也會不足，因此會讓手腳產生適度的濕氣以利於逃亡。就像人類的指頭一樣，當指頭呈現很乾燥的狀態時，經常會無法將紙張翻開，此時若舔一下指頭或將指頭沾濕，就能夠輕易地翻起紙張，這兩者是相同的道理。

當動物必須逃離戰鬥現場時，交感神經會強力地作用，並造成手腳開始出汗。儘管現代我們所飼養的狗狗很少會遇到必須逃離戰鬥現場的緊急狀況，不過只要牠們感到壓力而刺激交感神經強烈作用時，就像人類的手腳一樣，狗狗四肢腳底的肉墊也會開始出汗。

當狗狗的肉墊過度潮濕時，我們可以在牠們經過的水泥地面、深色系的磁磚或地板上發現牠們所留下來的腳印。不過，由於狗狗的肉墊同時是透過排汗來調節體溫的部位，因此要如何判別狗狗是因為緊張，還是因為炎熱而讓肉墊出汗呢？當飼主在平常不會看到腳印的地方，發現狗狗在地面上留下腳印，卻又沒有伸出舌頭喘氣來調節體溫時，應該就要懷疑狗狗的精神可能正處在緊張的狀態下了。

碰！
啊！是煙火耶！
碰！
要不要去看煙火啊？
……欸？
碰！
腳印？
壓力有時候會造成狗狗的肉墊出汗。
原來你這麼害怕
煙火啊。

1-09

恐懼 壓力 不安 興奮 放鬆

呼吸的變化

當我們處在放鬆的狀態時，呼吸是緩慢而深沉的。在所有無意識的生理性生物活動中，呼吸同時也屬於可利用意識去產生變化的一種活動，因此當我們刻意地將呼吸放慢並加深時，就能夠達到放鬆心情的效果。也就是說，呼吸的速度與深度，和我們情緒的緊張與放鬆有著相互影響的關係。

狗狗睡著以後的呼吸情形，通常是非常深沉而緩慢的，這就是當狗狗處在最放鬆狀態下的呼吸速度與深度。

另一方面，當動物處在緊張的狀態下時，呼吸會變得淺而快速，這是因為在交感神經的作用之下，體內所釋放的腎上腺素會讓身體進入嚴陣以待的狀態，對於戰鬥或逃亡所需要使用到的器官或部位，會運送更多的血液和氧氣過去，因此除了呼吸加速之外，血壓和脈搏數也會上升。

緊張時會感到心臟怦通怦通亂跳的原因，就是因為血壓上升和脈搏增快，此時身體還會因為血液循環變好而體溫上升，體溫上升後身體又為了調節體溫而出汗，這也就是狗狗在感到壓力時腳底肉墊會潮濕的原因之一。

至於緊張時為什麼會「冷汗直流」呢？這是由於身體一方面因為上述的情況而使體溫上升並出汗，另一方面又因為血管收縮、肌肉僵硬等反應，反而使得身體表面會覺得涼涼的，因此才會有冷汗直流的感覺。

飼主若是可以從狗狗的呼吸變化察覺牠目前是處在放鬆還是緊張狀態下，那麼對於狗狗的心理狀態就可說是有某種程度的了解了。

啊，毛打結了。
呼～嚕～
呼～嚕～
狗狗在放鬆狀態時，
呼吸是深沉而緩慢的。
不過一進入緊張狀態後……
來幫牠梳毛好了
為了運送更多的血液和
氧氣給戰鬥或逃亡時會
用到的身體部位……
把氧氣和血液
運送過去！
知道了！
呼吸怎麼
變快了？
呼吸會變得淺而快速，
血壓、脈搏數也會上升。

1-10

喘氣

壓力　不安　興奮　恐懼

筆者在前面的章節曾說明過，當身體處於緊張狀態時，呼吸會變得淺而快速，同時血壓還會上升、脈搏加快以及體溫上升，之後為了調節上升的體溫，身體還會有出汗的現象。

當身體表面的水分蒸發時，會產生汽化熱。汽化熱是指液體在轉變為氣體時，從周圍所吸收的熱量，也就是說，當汗水蒸發時，會帶走身體表面的熱度而讓體溫下降。

人類在全身各處都分布有調節體溫所需要的汗腺，因此在炎熱的天氣時，全身會因為出汗而濕答答的。但狗狗的身體卻沒有像人類一樣那麼多可以調節體溫的汗腺。牠們除了腳底的肉墊會出汗之外，其他就必須靠舌頭、口腔，以及鼻腔到氣管一帶等部位，將水分加以汽化來使體溫下降。因此狗狗在緊張狀態下變得淺而快速的呼吸，不久之後就會為了調節體溫而變得更加快速，於是就轉變成喘氣。

像有的狗狗很怕熱，有的狗狗卻對炎熱的天氣沒什麼明顯反應，這除了與狗狗的品種有關之外，還要看牠們成長和現在生活的環境。以筆者的狗狗為例，由於筆者家幾乎都不開冷氣，因此當其他的狗狗因為天氣炎熱而伸出舌頭喘個不停時，這兩隻狗狗經常還是一臉淡然不把熱天當一回事。

而且這兩隻狗狗當中，長毛的大福比短毛的小鐵還要更能耐熱，當小鐵都已經伸出舌頭一直喘氣了，大福依然是一付泰然自若的樣子，可見狗狗怕不怕熱，其實是有很大的個體差異。

身為飼主，平時就必須要了解自家的狗狗在什麼樣的炎熱天氣下會開始喘氣，以及在什麼樣的氣溫下進行什麼程度的運動會開始喘氣，當狗狗在平常不該喘氣的情況下卻開始喘氣時，就必須思考是不是有什麼事情讓狗狗感到緊張不安。

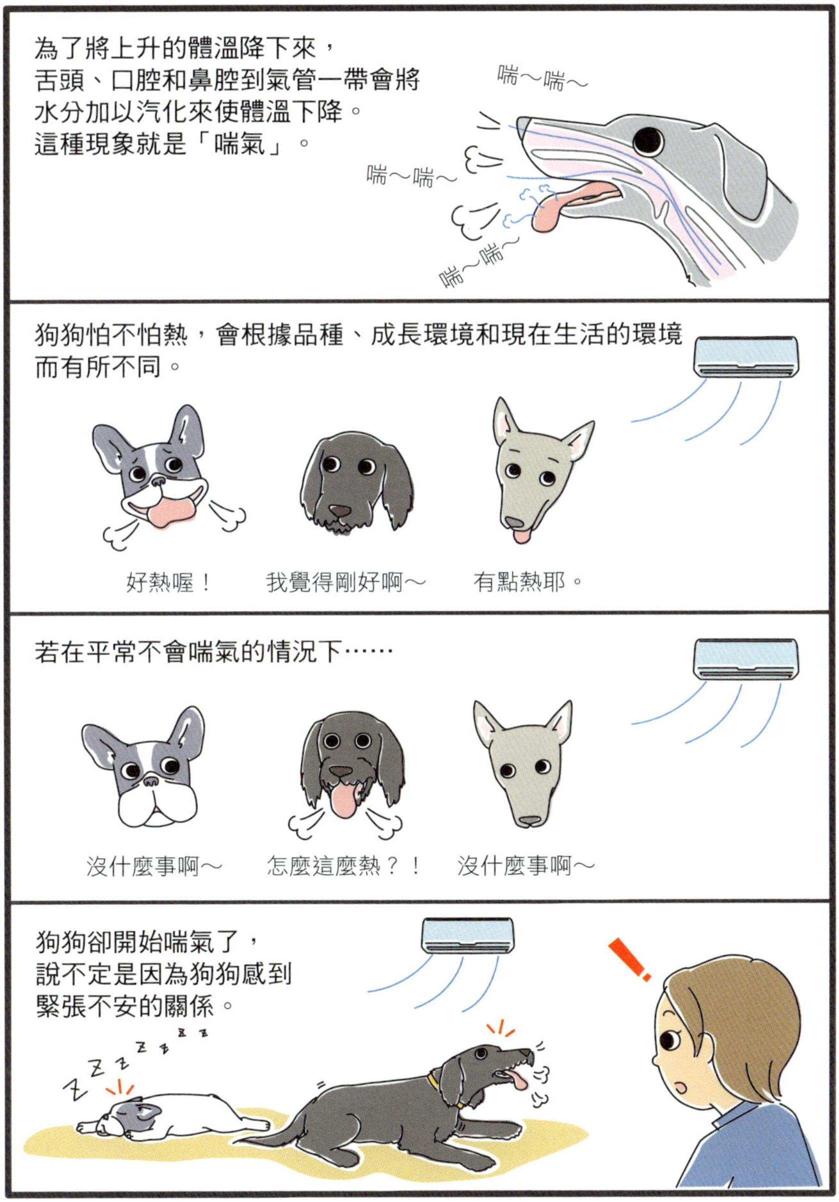

1-11

滴口水

壓力 興奮 不安

一聽到狗狗和口水的關鍵字，大家腦中浮現的，應該就是「巴伐洛夫之犬的實驗」吧。簡單地為不太熟悉的讀者說明一下這個實驗：在正常的情況下，狗狗看到食物時會分泌唾液，而聽到鈴聲並不會，但當時一位正在研究唾液與胃酸分泌的生理學家巴伐洛夫，進行了一項先讓狗狗聽到鈴聲之後再給予食物的實驗，並發現實驗過後的狗狗僅聽到鈴聲就會出現分泌唾液的反應。也就是說，原本沒有意義且不會引起反應的刺激，能夠轉變為具有意義且會引起反應的刺激。

這個故事雖然與實際的實驗有些許的出入，不過目前大家耳熟能詳的故事內容大致就是如此，並以「古典制約」、「反應制約」或「巴伐洛夫制約」等名稱而廣為人知。

然而會讓狗狗流口水的，並非僅有食物而已，當狗狗感受到壓力的時候，也會流出口水。

前面說過，狗狗在緊張狀態下時，會利用喘氣來讓口中的水分儘量蒸發，那麼當嘴巴中所分泌的水分比汽化的水分還多時會發生什麼事呢？以人類而言，當汗腺所分泌的汗水比汽化的汗水還多時，汗水當然就會一滴一滴的滴下來，狗狗的口水也是一樣。

以筆者的經驗來看，狗狗在緊張狀態下出現滴口水的情況時，有不少狗狗的嘴巴同時會閉得緊緊的，只要知道牠們緊張時會肌肉僵硬，就很容易想像出這種情景吧。

因為緊張而刺激交感神經作用，於是肌肉僵硬，嘴巴也閉得緊緊的，另一方面，為了降下因血壓和脈搏上升而升高的體溫，口中分泌的唾液量又會增多，於是最後就會產生口水從嘴邊溢出而滴落的現象了。

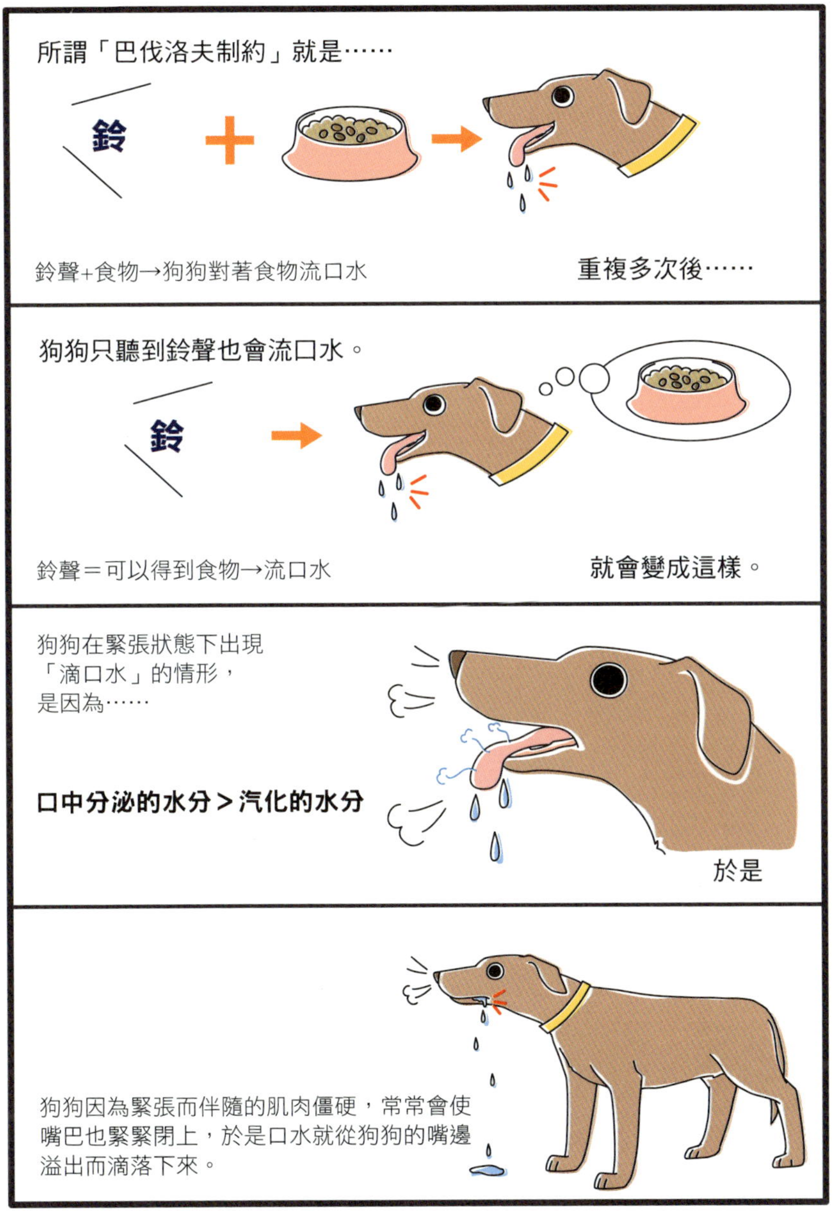

1-12

打噴嚏

壓力 安定訊號 興奮 不安

大家知道怎樣讓狗狗打噴嚏嗎？

當然不是用胡椒囉！只要把狗狗的鼻頭往上抬約60度角，然後翻開牠的上嘴唇並維持這種姿勢一會兒，狗狗就有很高的機率會打噴嚏，筆者家裡的兩隻狗狗用這種方法都可以成功讓牠們打噴嚏。

若是有在用牙刷幫狗狗刷牙的飼主，當刷到狗狗門牙的時候，應該會常常發現狗狗在這個時候會打噴嚏吧？這是一樣的道理。

抬頭並掀開上嘴唇這種姿勢會讓狗狗打噴嚏的原因，可能是因為鼻孔入口附近的鼻水倒流到鼻腔深處，所以刺激到鼻黏膜而誘發打噴嚏的反應。

有少數狗狗在緊張或興奮時會出現打噴嚏的現象。推測原因可能是因為狗狗在緊張或興奮時，交感神經會呈現佔優勢的狀態，優勢的交感神經會讓鼻腔到氣管一帶分泌較多的水分，同時汗腺也會出汗。由於狗狗在鼻子部位也有汗腺分布，因此鼻腔內的水分就會增加，這些增加的水分也就是鼻水，就會誘發打噴嚏的反應。

筆者所飼養的大福就是這種類型的狗狗，當牠因為玩耍而興奮或是感到輕微的緊張時，經常會打噴嚏。

另有一說認為打噴嚏屬於「安定訊號」（請參考本書第64頁）的一種。的確，打噴嚏除了可能可以減輕自己的精神壓力之外，說不定也有可能是在告訴對方「用不著那麼興奮吧」。

那麼，各位讀者覺得如何呢？

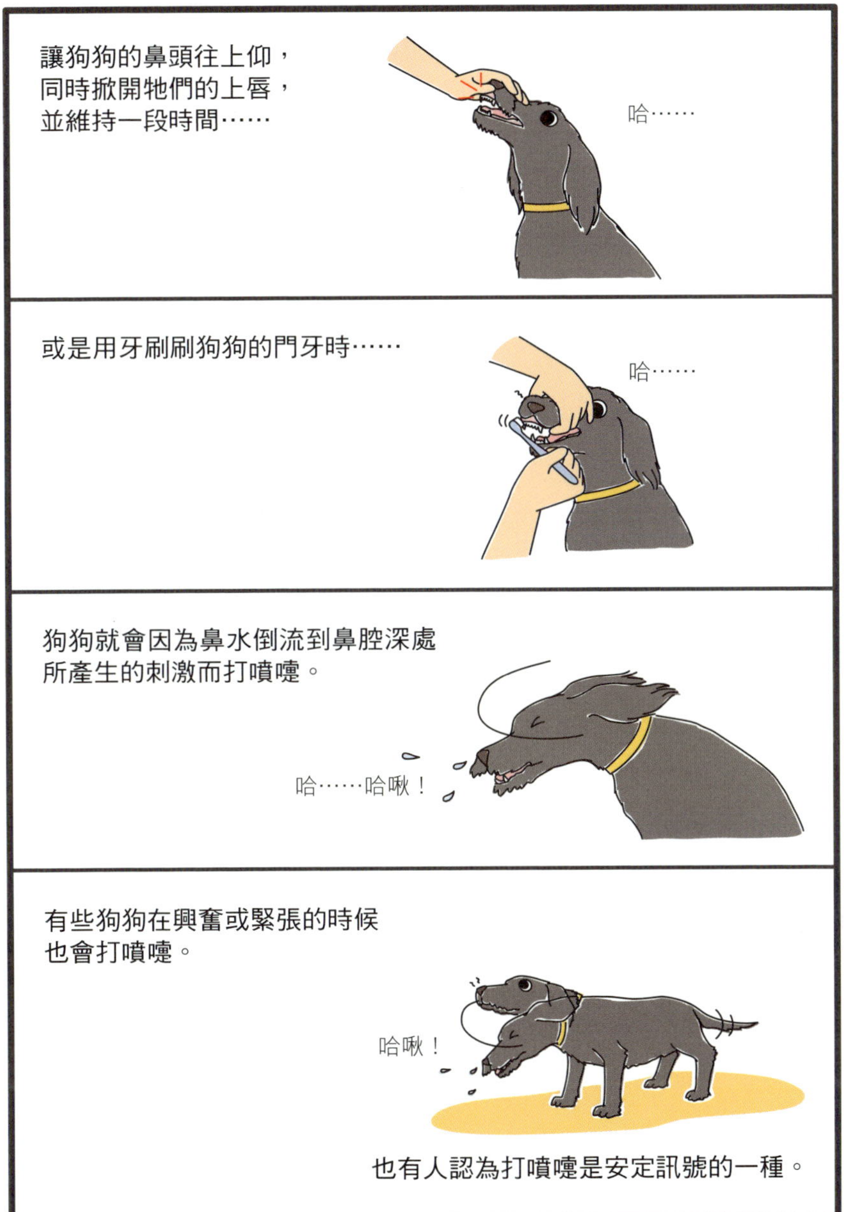
讓狗狗的鼻頭往上仰，
同時掀開牠們的上唇，
並維持一段時間……
哈……
或是用牙刷刷狗狗的門牙時……
哈……
狗狗就會因為鼻水倒流到鼻腔深處
所產生的刺激而打噴嚏。
哈……哈啾！
有些狗狗在興奮或緊張的時候
也會打噴嚏。
哈啾！
也有人認為打噴嚏是安定訊號的一種。

1-13

流鼻水

壓力 不安 恐懼

筆者所飼養的兩隻狗狗，只要一站在獸醫院的診療台上，就會出現相同的反應 — 開始滴滴答答地流鼻水。

這也是一種精神在緊張狀態下會出現的壓力反應，反應的機制前半段和打噴嚏一樣，也是壓力→交感神經興奮→鼻腔內水分（鼻水）增加，接著不是鼻水倒流刺激到鼻腔內部誘發打噴嚏的反應，就是直接從鼻頭排出體外，形成流鼻水的狀態。

那麼狗狗什麼時候會打噴嚏，什麼時候又會流鼻水呢？經過筆者的觀察，狗狗在感到輕微的緊張或興奮時會打噴嚏，而若是有強烈的緊張感時則會流鼻水。

以筆者家的大福為例，當牠因為玩耍而興奮或是稍微有點緊張的時候就會打噴嚏，打噴嚏的前後身體都會動來動去，只有打噴嚏的那一瞬間會停止動作，通常還會伴隨著搖尾巴。

另一方面，大福流鼻水的時候，可以看出牠正處在非常緊張的狀態下，不但全身僵硬，而且尾巴也是下垂著。

其實狗狗全身僵硬與流鼻水也是有關係的。以我們人類來說，如果覺得鼻水快要流出來了，通常會拿手帕或面紙把鼻水擦掉或擤乾淨。狗狗則是以舌頭代替面紙將鼻水舔掉，而由於牠們無法做出擤鼻涕的動作，因此會用打噴嚏的方式將鼻水噴出。可是一旦狗狗因為緊張而全身僵硬時，既無法用舌頭舔掉鼻水，也打不出噴嚏來時，鼻水自然就會流下來了。由此可知，狗狗一旦出現流鼻水的情況時，很可能表示牠們目前正處在非常緊張的狀態下。

狗狗在強烈緊張狀態下會流鼻水……
你好～
好久不見了呢……
壓力
0
興奮
是因為狗狗已經緊張地全身僵硬，
我已經到極限了！
還是跟以前一樣會流鼻水呢。
壓力
0
興奮
導致無法用舌頭把因緊張或興奮而增加的鼻水舔乾淨，
舔～
醫生，謝謝妳。
結束了？！
好好保重喔～
壓力
0
興奮
也無法打噴嚏把鼻水噴出來。
終於要回家了！
哈……哈啾！
壓力
0
興奮

狗狗也會覺得「憂鬱」嗎？

在第1章，我們針對狗狗的生理性反應進行了說明，雖然大部分是屬於身體某部分在外觀上的變化，但壓力所引起的生理反應，有時候也會以疾病的方式表現出來。

像是嘔吐、下痢等症狀，也常常是壓力所引起。此外，由於過度的精神壓力會造成免疫力下降，也有可能因此而引發其他疾病。

以人類來看，精神壓力是「憂鬱症」等心理疾病的主要原因之一。根據精神科醫師加藤忠史所著作的《動物會感到「憂鬱」嗎？》（PHP研究所出版）一書所述，目前還不知道人類以外的動物是否會得到憂鬱症，這是由於憂鬱症的確診方式是以問診為主，因此對於無法進行問診的動物自然也無法得出憂鬱症的確診結果。

不過由於有一種學說認為當憂鬱症持續惡化下去時，腦內的海馬迴也會出現變化，而狗狗和老鼠等動物的大腦內也都有海馬迴這種組織，或許可以想像這些動物也有可能得到與人類相似的疾病。

以施加肉體痛苦的懲罰為主軸的訓練方式，有時候會讓學習者陷入無力感的狀態，而以此方式進行訓練的狗狗，則常常會呈現欠缺活力、無精打采的抑鬱模樣。在筆者看來，其實這就是一種憂鬱的症狀，說不定實際上也會讓腦內的海馬迴組織產生變化。若肉體的痛苦會形成壓力的來源的話，那麼也不難想像精神上的壓力也會招致同樣的結果了。

第2章

狗狗的表情變化

2-01 雙目圓睜

壓力 恐懼 不安

雙目圓睜，指的是因為驚訝而睜大眼睛的模樣。

以人類來說，大概就像是當我們收到驚喜的禮物時，一邊說著：「我真是太開心了」一邊會做出的反應。

不過對狗狗來說，牠們開心的時候其實並不太會表現出這種反應，反而是當牠們覺得等一下說不定會發生什麼不好的事，或是有可能遭受攻擊等自己難以預料的不安情況時，也就是當牠們感受到精神壓力時，經常會做出這種表情。

另外，人類的眼睛是由眼黑和眼白構成，平常在上眼瞼和下眼瞼放鬆的自然狀態下，眼睛的形狀是橫向的長形，只有當眼睛睜大時，眼睛整體的形狀才會變得偏向圓形，形成所謂的「雙目圓睜」這種表情。

但是狗狗的眼睛在平常的狀態下，原本就非長形而是偏向圓形，因此用「雙目圓睜」來形容牠們眼睛睜大的模樣其實並不是很正確。

那麼，本來就是圓形的狗眼在睜大時是什麼樣子呢？通常牠們會呈現雙眼凸出的模樣，而且狗狗的視線在朝向鼻頭時，自然狀態下是幾乎看不到眼白的，一旦牠們睜大雙眼時，才會露出眼白，形成黑眼珠外圍有一層白邊的樣態。

也就是說，狗狗因為眼睛睜大而露出一圈眼白，並且雙眼凸出的模樣，才是狗狗的「雙目圓睜」，一旦牠們露出這種表情，就表示牠們目前正承受著不小的精神壓力。

人類的眼睛平常是長形的，
因此一聽就知道「雙目圓睜」在形容什麼狀態……
人類
狗狗
但狗狗的眼睛原本就是圓形的所以不太容易理解。
人類在開心的時候會眼睛會睜得又大又圓……
……？
我買了馴鹿裝要送你
當禮物唷♬
但狗狗卻是在感受到壓力的時候…
……！
來試穿看看吧♬
←討厭穿衣服
會睜大眼睛，露出一圈眼白。
也會呈現雙眼凸出的模樣
快幫我
脫下來……

2-02

露出眼白

壓力　恐懼　不安

除了前面所說的雙眼圓睜之外，狗狗有時候也會露出眼白，例如以斜眼看著對方或東西的時候。

哺乳類動物和人類不一樣，眼睛大部分是以眼黑為主，不像人類的眼睛那麼黑白分明。而包括狗狗在內的動物，與同伴之間基本上都會避開眼神接觸的機會，但是人類以及擁有共同祖先的黑猩猩，則會採取眼神接觸，與對方眼神相對（即使如此，黑猩猩的眼睛也是以眼黑為主）。人類這種在一般狀態下可以看到明顯眼白的眼睛，說不定是因為透過眼神接觸來進行溝通的這種方式，在演化的過程中佔了極重要地位的結果。由於人類的眼睛黑白分明，因此很容易看出視線是朝向哪裡，也能夠藉由眼神傳達很多訊息。另一方面，由於視線的方向用不著與臉部面對的方向一致，還可以在對方未發現的情況下注視著對方。總而言之，複雜的人類眼睛，可以進行非常多樣化的溝通方式。

話題回到狗狗身上。

狗狗在自然狀態下，眼睛會看向正前方（鼻頭正對的方向）的對象物體，不過即使對正前方的物體有興趣，若是旁邊有其他在意的對象時，就會用斜眼看過去。另一種相反的情形就是狗狗想要避開對方的視線，即使鼻頭朝著對方，卻會將視線移開看向旁邊。或是狗狗為了避開對方的視線而把鼻頭朝向別的方向了，但因為很在意對方，於是用斜眼確認對方的動作。諸如以上情形時，狗狗就會露出眼白。

這種露出眼白的表情，大多是為了保護或得到某樣東西。也就是說，當狗狗不想讓牠喜歡的東西被別人搶走而準備加以護衛的時候，或是有害怕或討厭的對象靠近的時候，狗狗會出現這種表情。

簡而言之，狗狗以斜眼視物或露出眼白的表情，也是精神正處在緊張狀態下的反應之一。

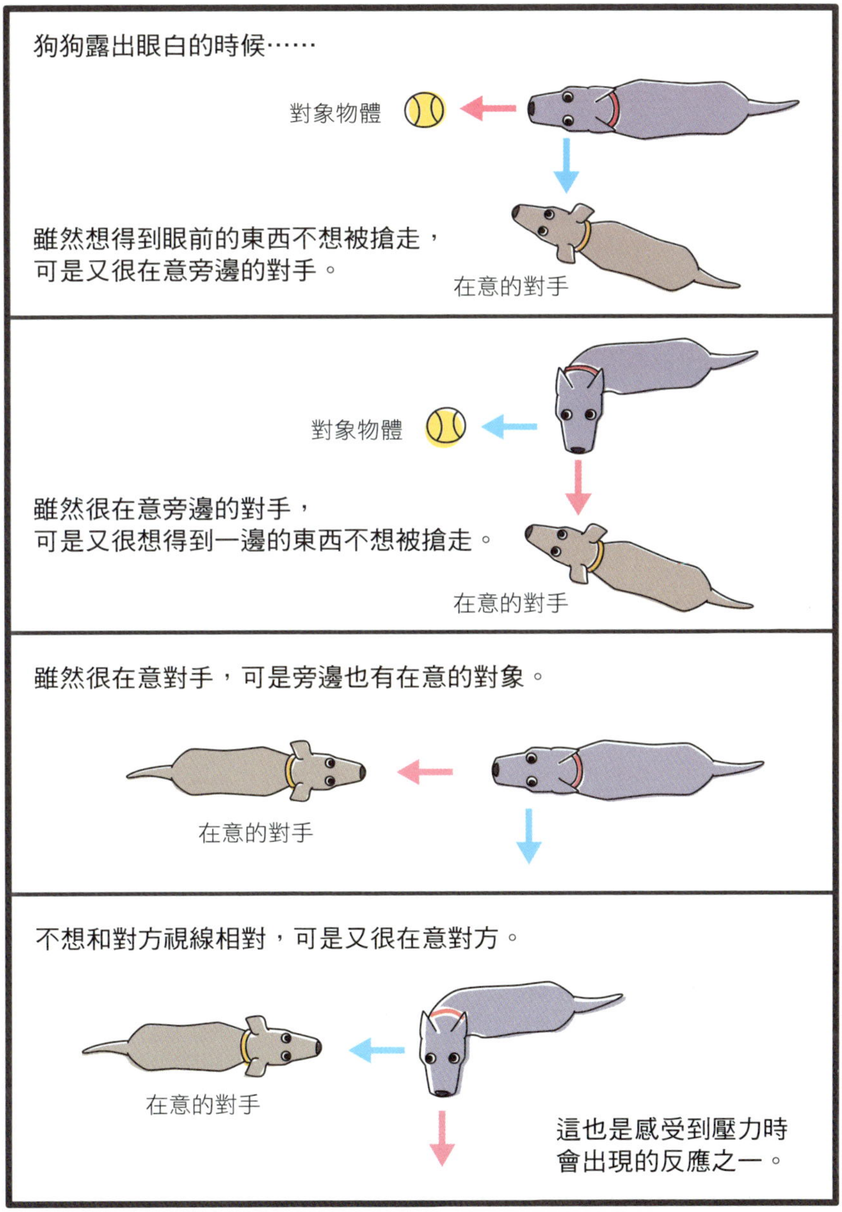

2-03

移開視線

壓力 安定訊號 不安 恐懼

「一直看著對方」是一種對對方感興趣，而把注意力集中在對方身上的表現方式。例如當我們很喜歡一個人的時候，就會一直凝視著對方，而若是彼此都互有好感時，兩個人之間也會很自然地彼此相視。

狗狗看著飼主，飼主也看著狗狗，當兩者之間擁有良好的關係時，彼此都不會移開視線。但人狗之間若尚未建立任何關係，或所建立的是惡劣的關係時，大家可以想像一下，一直盯著對方的這種行為會給對方什麼感覺？就像在熱鬧的街道上，如果你一直緊盯著一個陌生人，接下來會發生什麼事？又或者如果你一直緊盯著跟你交惡的對象，接下來又會發生什麼事呢？

大部分人會把這種視線稱為不懷好意的目光或是瞪視，也就是說，這是一種表示你想要挑戰或挑釁對方的視線。

而把視線移開的舉止，就像是在跟對方表達「我沒有在瞪你喔」或「我不是故意要盯著你看」的意思。而狗狗會把視線移開，也是因為想要跟對方訴說「我並沒有把注意力集中在你身上，所以請你也不要把注意力集中在我身上」或是「請不要對我施加壓力」的意思。

在過去，由於人們普遍認為人類與狗狗之間最理想的關係應該是人類做為狗狗的支配者，狗狗和人類之間是服從關係，因此有一種說法就是「要瞪著狗狗直到牠移開視線」。不過如今人們飼養狗狗，都是把牠們當作一同生活的家人並希望彼此感情融洽，因此完全不建議飼主對狗狗做出這種行為，因為當狗狗想要躲開你的視線時，就表示牠對你感到十分恐懼，或是覺得你在對牠施加壓力。

2-04

眼睛向上看

不安　壓力　恐懼　放鬆

狗狗在害怕對方時，會將頭放低，同時為了積極地表達出自己完全沒有要戰鬥的意思，會刻意不和對方視線相對。可是當狗狗又很想和對方有所交流溝通時，視線又會朝著對方，於是形成一種「既期待又怕受傷害」的心理狀態，這時候狗狗就會出現這種眼睛由下往上看的眼神。

筆者在教狗狗「坐下」這個口令時，所使用的教導方式是將食物握在手裡，然後誘導狗狗做出「坐下」的姿勢，並在狗狗完成後給予食物作為獎勵。這種教學方式，主要是應用**「動物對於會引發好結果的行為，會增加該行為的發生頻率」**這個觀念。

另一方面，也有人會利用**「動物對於能夠讓討厭的事物消失的行為，會增加該行為的發生頻率」**的觀念來訓練狗狗「坐下」。具體作法是讓狗狗穿戴一種拉緊時會勒住脖子的項圈，接著飼主握住牽繩靠近項圈的部分並向上拉扯，於是狗狗只好靠「坐下」這個動作來逃離脖子被勒緊的痛苦，最後狗狗就會經常採取「坐下」這個姿勢。

後者的訓練方式，會讓狗狗覺得飼主是一個可怕的對象而不得不遵從他的命令，可是偏偏飼主又是提供食物的人，就這樣，狗狗對飼主懷抱著又愛又怕的感情，於是就用這種眼睛由下往上看的眼神看著飼主。

這種兩個彼此相反的感情同時存在、互相掙扎的矛盾或糾葛的心理狀態，也是壓力狀態下會出現的反應之一。

除此之外，還有一種非關精神壓力的狀況會讓狗狗做出眼睛由下往上看的眼神，那就是當狗狗的姿勢是趴著且下巴放在地上時，會用一種「我現在正休息得舒舒服服的，叫我有什麼事嗎？」的態度看著飼主，這時候所出現的眼睛向上看這種眼神，代表狗狗正處在很放鬆的狀態。

狗狗的四種學習模式

①對於會讓好事發生的行為，增加該行為出現的頻率。

②對於會讓討厭的事消失的行為，增加該行為出現的頻率。

③對於會讓討厭的事發生的行為，減少該行為出現的頻率。

④對於會讓好事消失的行為，減少該行為出現的頻率。

（註：①～④分別為行為學中的正增強、負增強、正處罰、負處罰）

當我們想要了解狗狗的動作或行為，或是想對狗狗進行行為教育或矯正問題行為時，一定要對於狗狗的四種**學習模式**有所了解。

例如想要教導狗狗學會新的行為時，可以在狗狗採取那個行為時獎勵牠（亦即好事發生），而對狗狗而言所謂的好事，最簡單明瞭的就是食物。

理論上，在狗狗採取那個行為時，去除掉牠討厭的事物也是一種方法。不過要達到此種條件，就必須事先將狗狗逼入牠討厭的情境當中，而這很可能會給狗狗帶來精神壓力，因此極度不建議飼主採取此種方法。

不過狗狗經常透過「對於會讓討厭的事物消失的行為，增加該行為出現的頻率」這種學習模式，自行學習到很多行為。安定訊號本身也是因為能夠「讓壓力這種討厭的事消失」，狗狗才會學習到要做出哪些訊號。而大多數亂叫或是咬人攻擊等問題行為，狗狗也是因為可以「讓討厭的事消失」才學會的。

另一方面，如果我們想要減少狗狗某些行為出現的頻率時，又該怎麼做呢？大部人腦中第一個浮現的，可能是給予狗狗牠們討厭的事物（例如處罰）吧，但其實這並不容易，因為經由實驗證明，為了減少狗狗某個特定行為而對牠們加以處罰時，如果沒有達到「立即」、

「必定」和「強度適當」三項條件的話，是無法得到預期效果的。

此外，所謂狗狗討厭的事，亦即是一種會給狗狗帶來精神壓力的事，有時候反而可能將狗狗逼入「逃避行為惡化」、「攻擊行為惡化」或「變得無精打采」等讓我們更加困擾的嚴重狀況。

因此當我們想要減少狗狗某個特定行為的出現頻率時，首先必須先了解狗狗做出該項行為，是「為了要引發好事」，還是「為了讓討厭的事物消失」。

若是為了要引發好事，那麼就可以讓好事不要發生，而如果是為了讓討厭的事物消失，就讓狗狗去習慣那件討厭的事（請參考第160頁），等狗狗不再討厭它時，自然就沒有必要讓它消失，而該行為出現的頻率就會減少了。

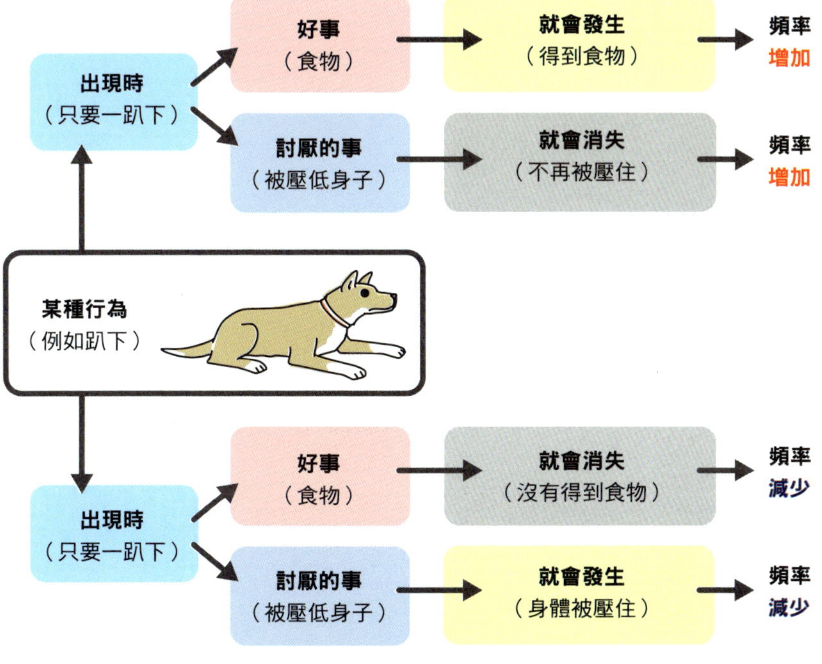

2-05

視線鎖定

壓力 憤怒 集中 不安 開心、高興 威嚇、警告

狗狗會把視線鎖定在某個對象的原因，大致上可分為四種：1對對方有興趣或好感，2準備要攻擊對方的前兆，3集中在某個聲音上，或4過度且長期的精神壓力所導致的異常行為。

所謂的有興趣或好感，包括發現到「好像可以一起玩的對象」、「會陪自己玩的人」、「看起來似乎可以吃的東西」，或者是「那邊好像有好玩的味道，過去聞看看好了」等情況。

而當狗狗想要攻擊對方的理由則可能有兩個，一個是為了捕捉獵物，另一個則是為了把對方趕走。前者似乎與現代的家犬沒什麼關係，不過有時候會看到狗狗在準備撲向玩具前會一直盯著玩具，這就有些類似捕捉獵物的行為。後者在家犬身上就經常可以看到，這就類似人類的怒目而視或是挑釁的眼神。

集中在某個聲音上，則是因為狗狗可以感覺到我們人類無法聽到的音頻與音壓，當牠們只聽到聲音而沒有接收到視覺方面的資訊時，會一直好奇地盯著聲音的來源。

至於過度且長期的精神壓力所導致的異常行為，筆者到目前為止還未見過，只是曾在有關狗狗精神壓力的國外書籍上，看到狗狗一直盯著牆上釘子的插圖。在漫畫或連續劇中，不是常會有那種對著某個精神受到強烈衝擊的人，在他面前揮動手掌來確認他是否清醒的場景嗎，而那個人則常常會目光空洞地盯著一個點，我想應該就類似這種情況。

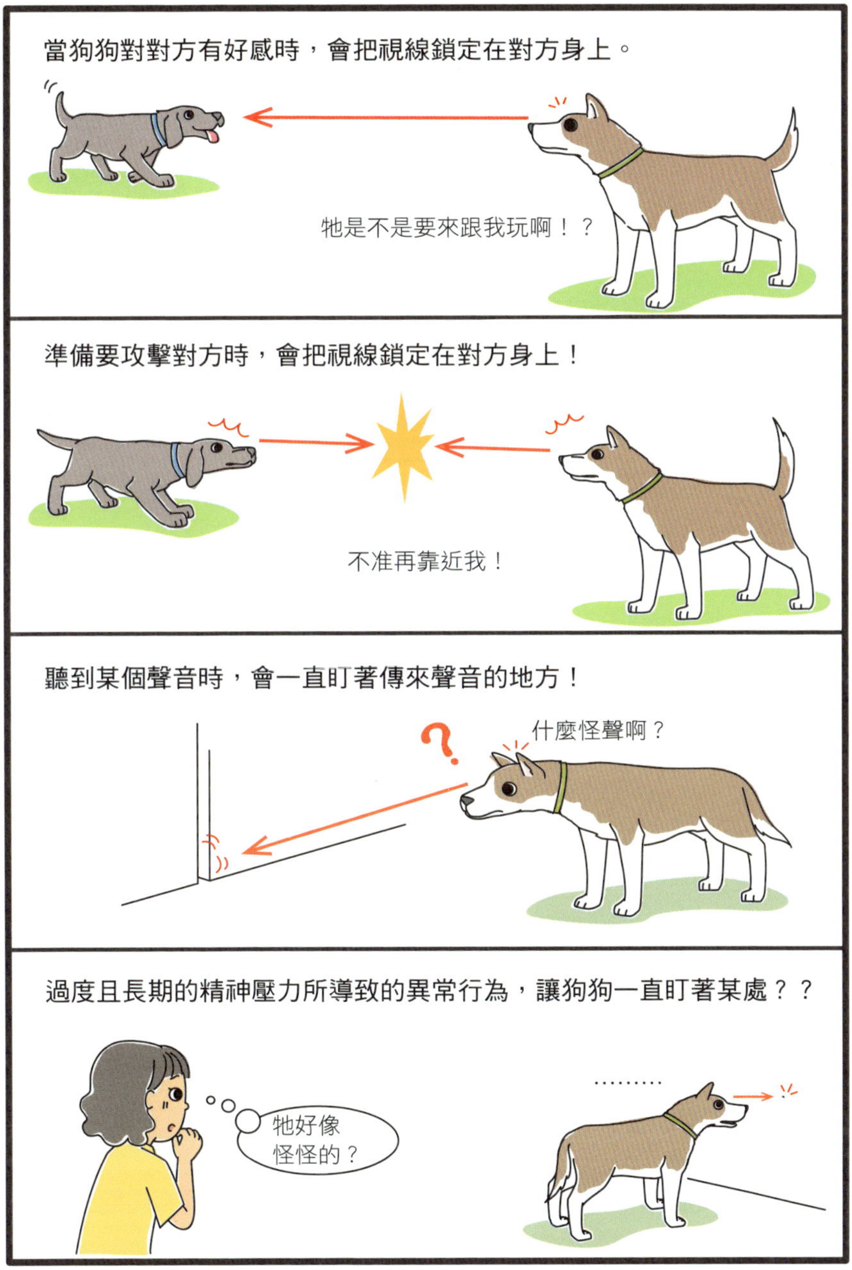
當狗狗對對方有好感時，會把視線鎖定在對方身上。
牠是不是要來跟我玩啊！？
準備要攻擊對方時，會把視線鎖定在對方身上！
不准再靠近我！
聽到某個聲音時，會一直盯著傳來聲音的地方！
什麼怪聲啊？
過度且長期的精神壓力所導致的異常行為，讓狗狗一直盯著某處？？
牠好像
怪怪的？
………

2-06

眼睛瞇起來

不安　壓力　安定訊號　舒服　放鬆

很多飼主一提起自家可愛的狗狗，經常會瞇起眼睛談論著狗狗的事，這個時候的「瞇起眼睛」，是一種看起來很愉快的表情。不過換到狗狗身上，筆者就沒看過狗狗做過這種看起來很愉快的瞇眼表情了。或許狗狗心情愉快的時候真的會瞇起眼睛也說不定，不過由於狗狗眼睛的形狀是圓形的，所以可能不太容易看出來。

話雖如此，狗狗的確是會做出把眼睛瞇起來的動作。其中之一是狗狗覺得光線刺眼的時候，此時狗狗會做出的，與其說是瞇眼，應該是更接近眨眼睛的動作。由於只靠虹膜把瞳孔縮小仍不足以遮蔽光線，因此為了減少進入視網膜的光線，狗狗會出現此種生理反應。

另一個則是狗狗感受到精神壓力的時候。面對帶給狗狗壓力的對象，狗狗會做出把眼睛瞇起來的動作，表示「我沒有在瞪你喔，所以不要一直看著我」，也就是說，這是一種安定訊號。

還有一種情況是狗狗覺得很舒服的時候，會一副眼皮沉重、昏昏欲睡的樣子，此時眼睛也是瞇起來的。

對了，我們人類還有一種情況下也會瞇眼睛，就是笑的時候，因為展開笑臉的基本動作是嘴角揚起，使得整個臉頰一起向上提，將下眼瞼往上推，讓眼睛瞇起來。

狗狗笑的時候的確嘴角也會微微向後上方揚起，不過並不會像人類一樣將眼睛瞇起來，就跟心情愉快時想瞇起眼睛一樣，因為狗狗眼睛的形狀幾近圓形，所以不太容易讓人看出這種變化。

過去筆者曾看過所謂狗狗笑容的照片，照片中瞇起眼睛的狗狗，其實表情非常地不自然，以我看來，那很可能是狗狗因為被迫面對相機且被要求長時間「等等」之類所帶來的精神壓力，於是發出的安定訊號吧！

2-07

昏昏欲睡

舒服

放鬆

就像我們人類被喜歡的人撫摸時，會覺得很愉快一樣，向親愛的飼主討摸摸也是狗狗的嗜好之一。如果飼主能用溫柔的方式輕壓狗狗穴位的話，還可以讓牠們感覺更舒服。

在筆者的課程中，也會提供飼主一些如何撫摸狗狗的建議，例如撫摸的手法以及撫摸哪些部位會讓狗狗感到更舒服。那麼大家是否知道，當狗狗覺得很舒服的時候，牠們會出現什麼樣的變化呢？

所謂的「覺得舒服」，或許也可以用「放鬆下來」來形容。當狗狗覺得舒服的時候，第一個會出現的變化，就是身體的力量會放鬆下來。放鬆的相對狀態是緊張，當身體在緊張狀態下時，體內的交感神經佔優勢，其作用會讓身體變得僵硬。另一方面，身體在放鬆的狀態下，是由副交感神經佔優勢，其作用會讓肌肉鬆弛，於是狗狗全身的力量會整個放鬆下來，任由飼主擺佈。

第二個變化則是狗狗會將身體靠向飼主正在撫摸牠的手。當狗狗很信任飼主，飼主又很懂得如何撫摸狗狗時，即使狗狗和飼主相隔1公尺以上，只要看到飼主的手伸在外面，牠們也會把頭部、臉頰或肩胛部位自動湊到飼主手邊。

第三個變化則是狗狗會一副眼皮很沉重的樣子，就如同之前所介紹的，當狗狗覺得很舒服時，會把眼睛瞇起來，表現出很愛睡的模樣。

當狗狗表現出昏昏欲睡的樣子時，就表示牠已經準備睡覺了，因此平常睡覺前當然也經常會出現這種模樣，不過若是在飼主撫摸牠的時候出現，就表示飼主的撫摸確實能夠讓狗狗放鬆下來。

　　各位讀者覺得如何？當你們撫摸自家狗狗的時候，牠們有沒有顯現出昏昏欲睡的表情呢？

2-08

一直眨眼

壓力　不安　安定訊號

以前曾經在電視上看過一位知名人物的道歉記者會，從畫面上可以看出這位人物當時正處在極度緊張的狀態下，與平常在別的電視節目出現過的樣子完全不一樣，其中最明顯的，就是他不斷地在眨眼睛。

人類在感受到精神壓力或覺得很緊張時，會出現不停眨眼的現象。當然有些人平常眨眼的次數本來就很多，不過在感受到壓力的情況下，眨眼的次數會比平常更多。

這種處在壓力狀態下的眨眼行為，在狗狗身上也很常見，寵物店裡的小狗最常表現出來。當想要購買狗狗的顧客一邊抱起牠一邊激動地大喊「好可愛唷！」時，就可以看到小狗的眼睛不停地眨眼，其中大多數還會移開視線。有些狗狗則會在照相機鏡頭靠近牠們的時候，出現不停眨眼的反應。

這個動作與移開視線、眼睛瞇起來一樣，都是想要對給自己帶來壓力的對象表達說，「我沒有在瞪你唷，你不要這樣一直看著我嘛！」由於是壓力訊號的一種，因此大部分都會伴隨著身體僵硬、尾巴下垂、視線移開等動作或行為。

此外，眨眼也有向對方傳達自己並沒有敵意的意思。當動物想要攻擊對方時，是不會眨眼的，因為除了可能在眨眼的瞬間被對方攻擊之外，在對方是獵物的情況下，眨眼的瞬間也很可能讓獵物逃走。從這個意義上看來，眨眼應該也可以視為安定訊號的一種。

人類在感受到精神壓力或覺得很緊張時，會出現不停眨眼的現象。
說！這張照片裡的女人是誰？！
眨個不停
我……我不知道啊……
狗狗也是一樣。
好可愛唷～♡
來，給我抱抱～
胖嘟嘟的～♡
好想咬一口唷～♡
如果狗狗出現移開視線、一直眨眼的反應時……
眨個不停
嗯？這個表情……
跟男朋友被我發現花心時的表情好像喔～
就表示狗狗目前正感受到不小的壓力。

2-09

舔鼻子

壓力 安定訊號 不安

狗狗為什麼會舔鼻子呢？能想到的答案大致上有兩個，一個是為了保持鼻子濕潤，另一個則是為了舔掉鼻水。不過就算不去舔鼻子，鼻腔腺體所分泌的液體（鼻水）和鼻淚管流下的眼淚也會讓鼻頭保持濕潤。

狗狗鼻子會維持濕潤狀態的理由有很多，包括比較容易吸附氣味的分子、可以測知風向，還有藉由汽化熱來調節體溫。其中調節體溫的功能，可以說就和流汗一樣，當狗狗因為運動而體溫升高時，鼻腔腺體所分泌的液體量會增加數十倍之多。

既然不用舔鼻子也能夠讓鼻頭維持濕潤狀態，那麼可想而知，狗狗舔鼻子的主要原因就是為了把鼻水舔掉。也就是說，因為鼻水過多，如果不舔掉的話，鼻水就會流下來，所以狗狗必須伸舌頭把鼻水舔乾淨。

就如同之前曾說明過的「流鼻水」內容（第36頁），狗狗之所以會產生過多的鼻水是因為牠感受到了壓力，因此促進交感神經作用而產生的結果，換言之，舔鼻子的行為也是壓力訊號之一。

此外，舔鼻子的時候舌頭必須伸出嘴巴，而舌頭從嘴巴伸出來的動作，其實是在向周圍傳達某個重要的意義，也就是在告訴對方，自己並沒有懷抱著敵意。

由於狗狗攻擊對手的方式主要是靠自身的牙齒，而伸舌頭的同時是無法進行攻擊的，因為會咬到自己的舌頭，因此伸舌頭這個行為本身，就是在向對方傳達自己沒有敵意的一種訊息。

從這個理由來看，「舔鼻子」也屬於安定訊號的一種。

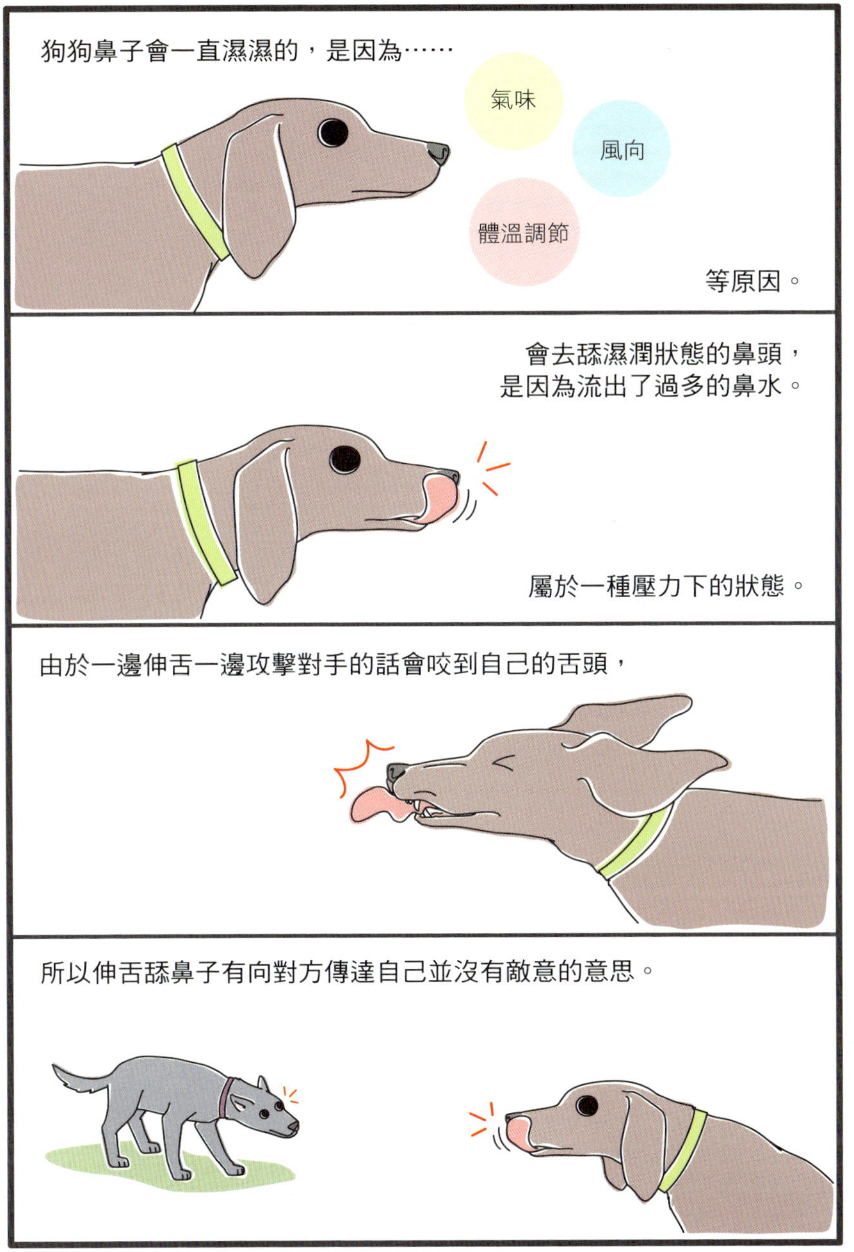

2-10

伸出舌頭舔來舔去

壓力　安定訊號　不安

伸舌舔嘴唇這個動作，被認為是安定訊號的一種。就如同前篇內容所介紹的，把舌頭伸出嘴巴之外，是在向對方傳達自己並沒有想要攻擊對方的意思。

話雖如此，以狗狗的大腦功能而言，其實牠們並非是在完全了解到這些原理之後，才決定自己應該採取哪些動作，而是在不知道原理的情況下，透過行為所得到的結果，來學習自己應該做出哪些行為。

狗狗的學習過程，是透過自身的經驗來決定自己應該增加或減少做出某些行為的頻率。以本篇的內容為例，狗狗學習到的，是伸出舌頭舔嘴可以緩和自己與對方之間的緊張關係，於是增加這個動作出現的頻率。

狗狗會增加行為頻率的模式有兩種，一個是採取某種行為後的結果會有好事發生，另一個則是採取某種行為後的結果會讓討厭的事物消失（請參考第48頁）。

而這裡的「某種行為」只需要偶然發生即可。例如本篇所說明的「伸出舌頭舔來舔去」，狗狗在偶然的情況下做出了伸出舌頭舔來舔去的行為，結果緩和了牠與對方之間的緊張關係，接著下一次又得到了相同的結果，透過這幾次經驗，於是狗狗就學會了在緊張感漸漸升高的情況下，應該要馬上做出伸出舌頭舔來舔去這種行為。

有些人主張安定訊號是狗狗與生俱來的溝通技巧，並且隨著環境的不同，有的個體在成長過程一直維持著這項技巧，有的個體則會完全忘掉。但我的意見則正好相反，我認為狗狗應該是透過經驗學習到做出某種行為可以緩和自己與對方之間的緊張關係之後，因壓力而出現的反應才逐漸演變成安定訊號的。

那麼這邊就產生一個問題了，狗狗是在什麼時候會剛好做出伸舌頭舔來舔去這個動作呢？（答案在下一篇。）

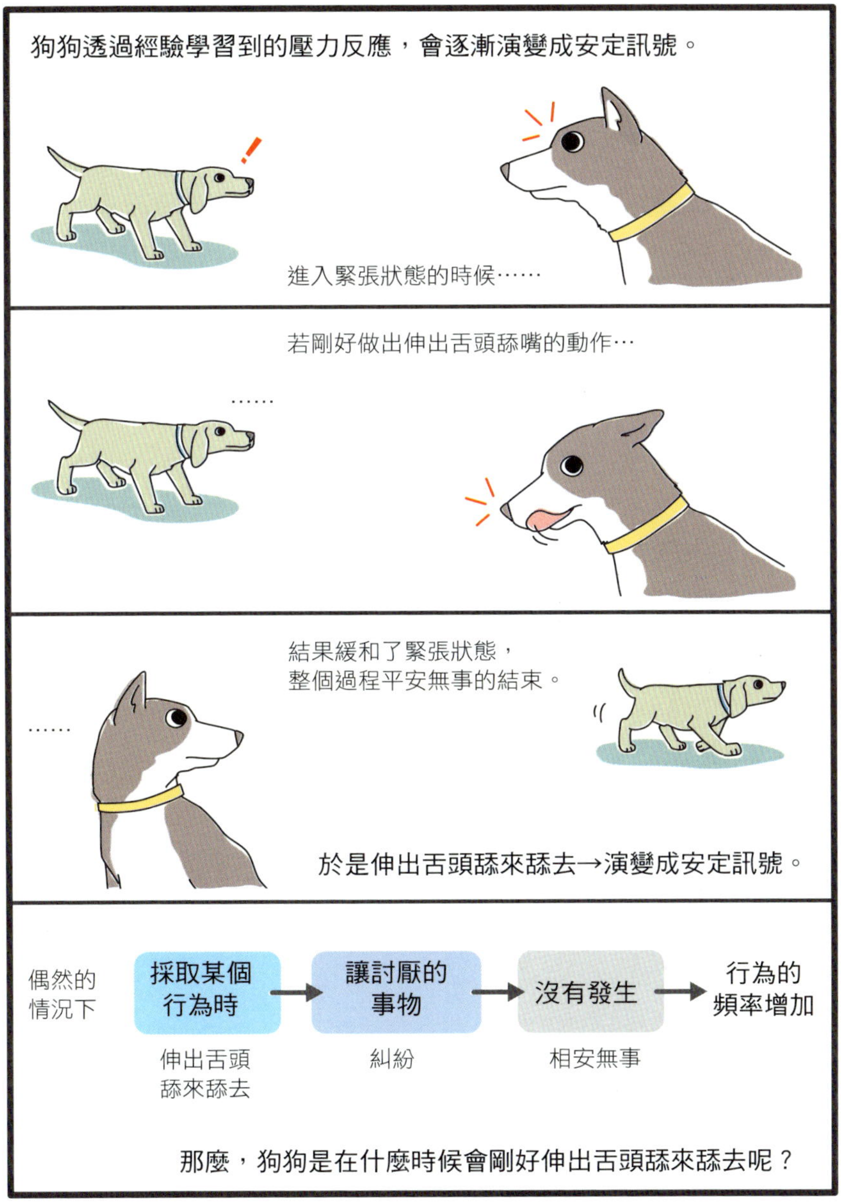

2-11 舔嘴唇

不安　壓力　安定訊號

關於前一篇的問題，答案如下。

幼犬在出生之後的兩個星期內，眼睛還未睜開，也無法站立行走和自行排泄，必須由狗媽媽舔舐幼犬的陰部來刺激牠們大小便，而且為了避免排泄物弄髒睡墊（狗窩）和幼犬的身體，狗媽媽會把這些排泄物全部吃下去。在這個時期，狗媽媽不只會舔舐幼犬的陰部，也會經常舔舐牠們的身體。

狗狗就是從幼犬的這個時期開始，經常出現伸出舌頭舔東西的動作，因為這是幼犬吸奶時必須要有的動作。若我們伸出手指頭碰觸牠們的舌頭，小狗狗會以為手指頭是狗媽媽的乳頭而吸吮上來，也就是說，幼犬伸出舌頭舔東西的行為，其實是在尋找媽媽的乳房。

幼犬從出生後第三個星期開始進入離乳期並長出牙齒，當牠們想要吸奶時會咬到狗媽媽的乳房，惹得狗媽媽因為疼痛而生氣，但若是幼犬在這個時候伸出舌頭舔一舔的話，就會平息狗媽媽的怒氣。

此外，幼犬在離乳期的這個階段會離開媽媽的身邊，和其他幼犬同伴一起玩耍，而幼犬間的玩耍方式，主要就是彼此扭打成一團和互相咬來咬去，當越玩越過火的時候，偶爾做出舔舌頭這個動作可以讓對方不要那麼興奮激動。

於是透過以上這些經驗，狗狗學會在自己與對方之間的關係有些緊張的時候，做出伸舌頭舔來舔去的行為。

還有另外一種情況狗狗也會伸出舌頭。先前有介紹過，當狗狗感受到壓力的時候，口水的分泌會增加，口水在還沒多到滴下來之前會蓄積在嘴邊或嘴角，有時候還會呈現泡沫狀，於是狗狗會伸舌頭將這些口水舔乾淨。

總而言之，當狗狗因為自己與對方之間的關係而感到緊張時，口中的口水分泌會增加並蓄積在嘴邊，而伸出舌頭將口水舔掉的話可以緩和自己與對方之間的緊張關係，於是這個透過經驗而學習到的行為，就漸漸演變成安定訊號的一種。

狗狗在什麼時候會剛好做出伸舌頭舔的動作呢？

吮乳期
伸出舌頭尋找狗媽媽乳房的時候。

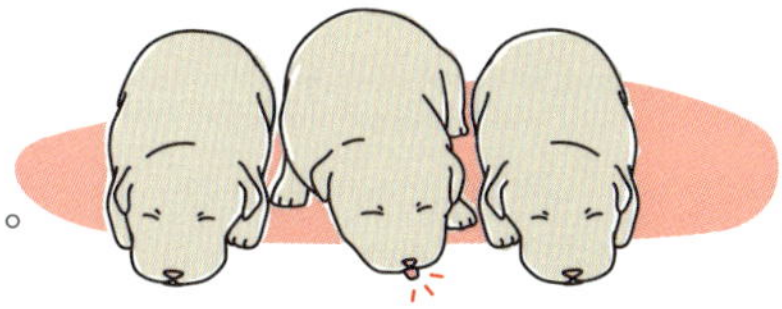

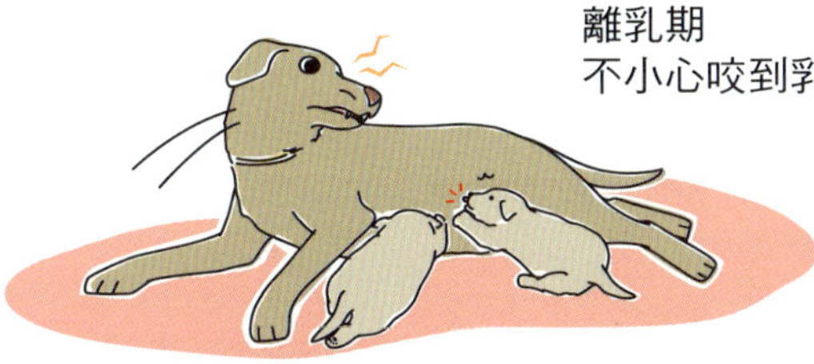

離乳期
不小心咬到乳房惹怒狗媽媽的時候。

和其他幼犬同伴
玩得越來越過火的時候。

還有因為緊張而增加分泌的口水積在嘴邊的時候。

於是這個透過經驗而學習到的行為，
就漸漸演變成安定訊號。

安定訊號

「安定訊號」這個名詞，在現今的書上或是網路上都很容易看到，不過筆者在1994年第一次聽到這個名詞的時候，當時網路還尚未普及，書店裡成排的書籍中也完全沒有介紹。當年社團法人日本動物醫院福祉協會（JAHA）開始舉辦家犬行為教育指導員的訓練課程，而筆者就是在指導員的訓練課程中知道了安定訊號的存在。

一開始安定訊號並不叫做安定訊號，在當時課程的講義中，它被介紹為「挪威式安定信號」，之所以被稱為挪威式，是因為提倡這個理論的吐蕊．魯格斯女士，是一位挪威人。

當時的講義中是這樣描述的：

「犬隻在面對恐懼或是會造成精神壓力的狀況時，牠們擁有能讓自己冷靜下來以及讓對方恢復冷靜的能力」。同時介紹了幾個較具代表性的動作，包括緩步行走、彎著身子行走、嗅聞地面的味道、坐下、趴下、眨眼、視線移開、背對著對方、打哈欠等。

而在數年之後，「挪威式安定信號」改名為「安定訊號」，並開始推廣到各個國家。

目前有許多書籍和網路上的文章都有在介紹安定訊號，卻少有說明為什麼安定訊號能夠達到「讓自己冷靜下來以及讓對方恢復冷靜」的效果，以及狗狗是在何時與如何學會做出這些訊號的，因此本書才想要針對這些內容進行深入的介紹。

例如先前所提到的，狗狗在感受到精神壓力時，根據本能而採取的行為或是偶然狀況下做出的行為，在結果上都有達到減輕壓力的效果，也就是說，這些行為都能夠減少對方對自己的注意力或所施加的壓力。若從學習心理學或行為分析學來看，就恰如「對於會讓討厭的事消失的行為，增加該行為出現的頻率」這個學習模式。

狗狗學習到這些行為之後，未來只要遇到相同的狀況，就會主動地採取這些行為。這也是為什麼大多數的安定訊號會與壓力反應有所重疊的原因。

最重要的一點，不論是與生俱來的行為或是後天學習到的行為，它們都需要一個契機，讓狗狗知道何時該做出這些行為，而這就是社會化期之所以重要的緣故。狗狗在社會化期初期與同胎兄弟姊妹的共同生活，以及之後在社會化期與其他犬隻的互相接觸，對於狗狗而言，都是不可或缺的學習機會。

2-12 露出犬齒

生氣

恐懼

狗狗最強的武器，不用說自然就是牠們上排牙齒中的犬齒。不過狗狗基本上會儘量避免使用這項武器。這是因為動物在採取行為時，首先會將想要得到或不想失去的對象的價值（也就是資源價值），以及為了得到或保護該對象所必須付出的勞力（也就是成本），放在天平兩端進行衡量。當採取某行為的資源價值與成本之間的關係，若不是在**資源價值－成本>0**的情況下，基本上狗狗不會選擇採取該行為。

狗狗會使用到犬齒的情況，一般是為了向對手進行挑戰，但戰鬥本身是一項成本花費很高的行為，而資源價值減去成本後才是能夠得到的利益，成本越高的行為本身利益就越少，因此在自然的情況下，狗狗會優先考慮不會使用到犬齒的行為。

再加上牠們採取行為時，並不只取決於資源價值與成本的關係，還有一個重要的因素，即是風險。就算資源價值－成本＞0的算式成立，若狗狗感到其中存在著極大的風險時，牠們也不會採取那個行動。

一旦使用犬齒攻擊對方，說不定會讓自己受傷，甚至還有可能喪命，只要一思及這種極大的風險，狗狗自然而然就會極力避免使用犬齒攻擊對方。

在控制成本和迴避風險的想法下，狗狗在打算張口咬住對方之前，會先瞪視著對手，若可以成功讓對手退讓，就等於將風險及成本都控制在最小範圍內。若是對方不肯退讓時，狗狗就會發出輕微的低吼聲，此時若對手仍然絲毫不退讓，狗狗接著會皺起鼻頭，稍稍地露出犬齒。

也就是說，鎖定視線、低吼、皺起鼻頭、露出犬齒，這些都是狗狗發出的警告。若是完全無視這些警告的訊息，下一步狗狗就會真的咬上來了。

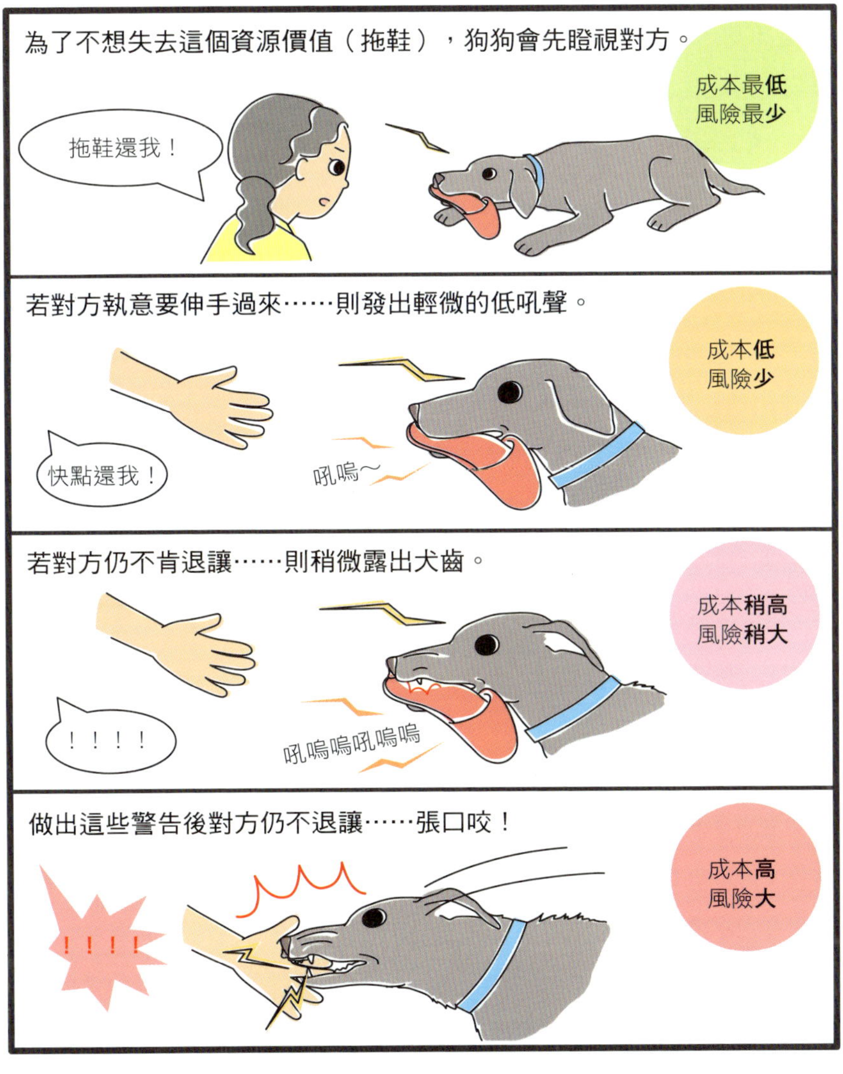

2-13

翻起嘴唇

興奮

其他

動物會做出翻起嘴唇、皺起鼻頭的表情，其中之一的目的是為了露出犬齒。人類在很久以前也會出現這種表情，就像仁王像的發怒表情。

在充滿戰鬥場面的漫畫或故事書裡，這種表情常被用來表現人類的怒氣。儘管現代人類根本不會做出這種表情，但漫畫之所以會用這種表現方式，就表示這種表情對現代人而言也代表了威嚇與發怒，可以直接傳達出憤怒的情緒，也表示對以前的人而言，犬齒代表了重要的武器。

不過，儘管為數不多，有些狗狗翻起嘴唇並非是為了露出犬齒，而是有其他意義的。

各位是否聽過裂唇嗅反應（flehmen response）？大多數的哺乳類動物都擁有一種可以接收費洛蒙的器官，稱之為犁鼻器（人類的犁鼻器已經退化），而牠們為了接收費洛蒙時會將上唇翻起。犁鼻器主要位於鼻腔內，大多數的哺乳類口腔和鼻腔是連接在一起的，因此當牠們翻起上唇時，可由口腔接收到費洛蒙傳遞到犁鼻器內。馬的裂唇嗅反應表現最為明顯，當馬做出翻起上唇露出牙齦的表情時，看起來就像是在笑一樣。

會做出裂唇嗅反應的狗則不多見，大多數是發生在飼主回家的時候，經常可以聽到有飼主形容看到自己回家的時候狗狗會開心地大笑，說的就是這種表情。有可能是因為飼主回家時散發出某種費洛蒙被狗狗感應到，於是狗狗才做出類似裂唇嗅反應的行為。加上飼主看到這種表情時通常會高興地大力稱讚狗狗，狗狗在「對於會讓好事發生的行為，增加該行為出現的頻率」的學習模式下，之後飼主回家時就會經常會做出這種翻起上唇、露出牙齦的表情。

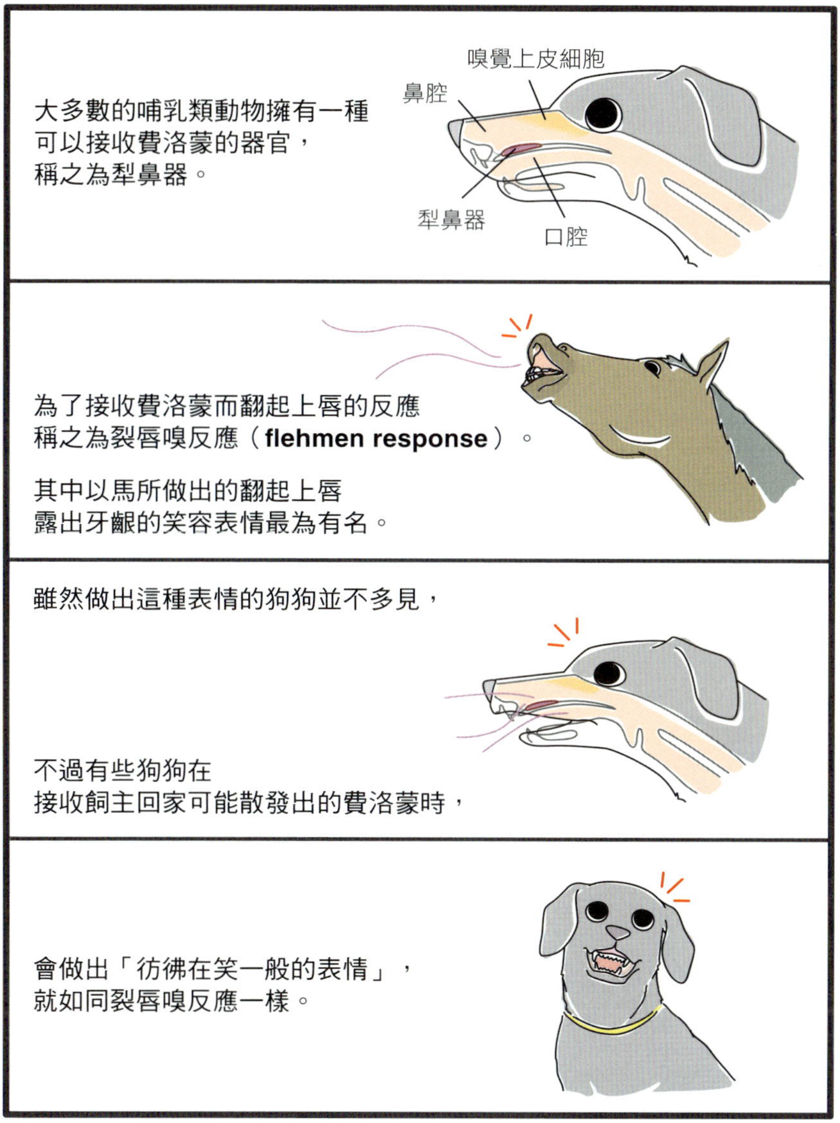

2-14

露出下犬齒

放鬆

開心、高興

說到犬齒，一般人都會想到是上排的牙齒，其實下排牙齒中也是有犬齒的。在解剖學上，上排的犬齒稱為上顎犬齒，下排的犬齒則稱為下顎犬齒。

人類的犬齒位於門齒數過來第3顆的位置，狗狗的犬齒則是第4顆。當成犬的牙齒換成永久齒後，會形成門齒3顆、犬齒後方的前臼齒4顆、最後方的大臼齒上排2顆、下排3顆的齒列，上下左右的牙齒加起來總共42顆（人類的基本齒列包括智齒則為32顆）。

附帶說明一下狗狗的乳齒為28顆（人類為20顆），在出生後第3個星期開始長出，並在2個月齡的時候長齊。永久齒則是在3～4月齡時開始長出，而在7～8月齡前，所有的牙齒都會換成永久齒。

牙齒生長的順序為下顎的門齒→上顎的門齒→下顎的前臼齒、大臼齒→上顎的前臼齒、大臼齒→下顎的犬齒→上顎的犬齒，乳齒和永久齒的生長順序都一樣。

那麼牙齒排列的說明就先到此為止，現在回到狗狗為什麼會露出下犬齒的話題上。我們已經知道，狗狗之所以會露出上犬齒，是為了把犬齒當作武器威嚇對方，或是做出類似裂唇嗅反應。不過有時候，狗狗也會不露出上犬齒，僅露出明顯的下犬齒。

露出上犬齒的時候，大部分狗狗的嘴巴是閉起來或僅有微微地張開，但露出下犬齒的時候，嘴巴都是鬆鬆地開著。

雖然狗狗在調節體溫的時候也會張開嘴巴，不過這個時候舌頭大部分會伸在外面，所以不太容易看到下犬齒。而可以明顯看到狗狗的下犬齒時，通常眼神看起來也很溫和，一看就會讓人覺得狗狗正擺出一個笑臉。

　也就是說，當狗狗的下犬齒明顯露出的時候，就表示牠正處在心情愉快的放鬆狀態下。

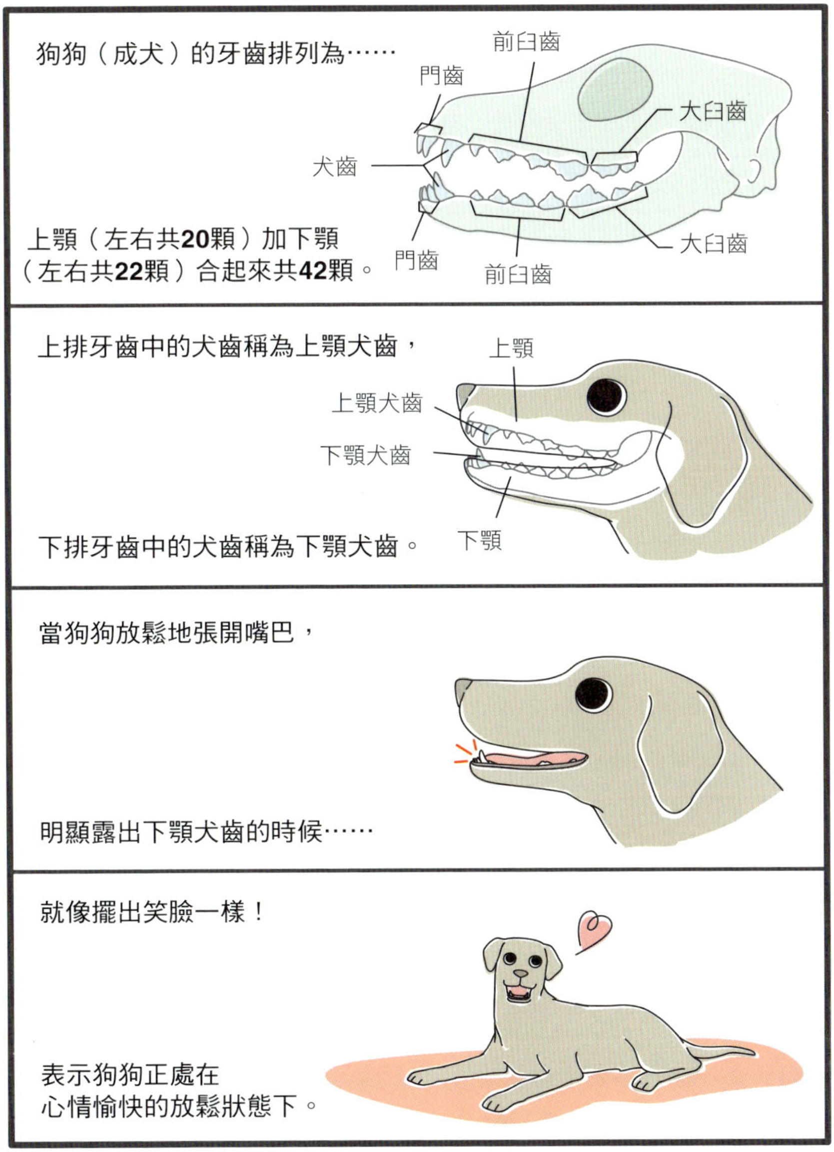

2-15

嘴巴微微張開

放鬆

開心、高興

從狗狗嘴巴的張開與否，也可以看出牠們的心情如何。有不少狗狗在心情放鬆的時候嘴巴會微微地張開，而本來張開的嘴巴突然緊緊閉上時，則代表狗狗可能正在專心注意某件事物、心理稍微感到不安，或是感受到精神壓力。

在筆者開設的課程中，經常可以看到我們在進行讓狗狗趴下等待，然後請飼主離開現場的訓練。這個訓練的目的，是在培養飼主與狗狗間的信賴關係，讓狗狗相信飼主即使不在眼前也一定會回到牠們身邊。

當然一開始不會馬上請飼主離開現場，我們會先進行練習，請飼主先離開狗狗約3公尺左右的距離，接著再回到狗狗身邊，並給予食物獎勵，之後反覆進行練習並逐漸拉開兩者之間的距離。

若狗狗都能維持穩定狀態，接下來會請飼主躲在屏風或沙發後面，讓狗狗看不到飼主。這個時候通常可以發現狗狗的嘴巴是緊閉的，但在反覆進行飼主離開然後回來餵食的練習後，狗狗因為只要在原地等待就可以得到食物獎勵，大部分狗狗會變得放鬆下來，嘴巴也會微微張開。

不過在看不到飼主的瞬間，狗狗還是會馬上把嘴巴緊閉起來，可以推測這應該是因為狗狗對飼主不見了感到不安或緊張而造成的。

儘管狗狗的反應會視狀況而異，不過感受到精神壓力的狗狗經常會出現喘氣反應，也就是說，根據狗狗承受壓力的狀況，牠們有時嘴巴會張開，有時嘴巴則會閉起來。

當狗狗出現這種反應時，飼主應該分析反應出現的前後時間點是否發生了什麼事，並將是否有伴隨喘氣現象、是否有經常露出下排牙齒等其他反應一併納入思考。

要記得的是，當狗狗的眼神很溫和、經常露出下排牙齒、嘴角向後方提起時，表示狗狗正處在放鬆狀態下，可以判斷為狗狗正擺出笑臉喔。

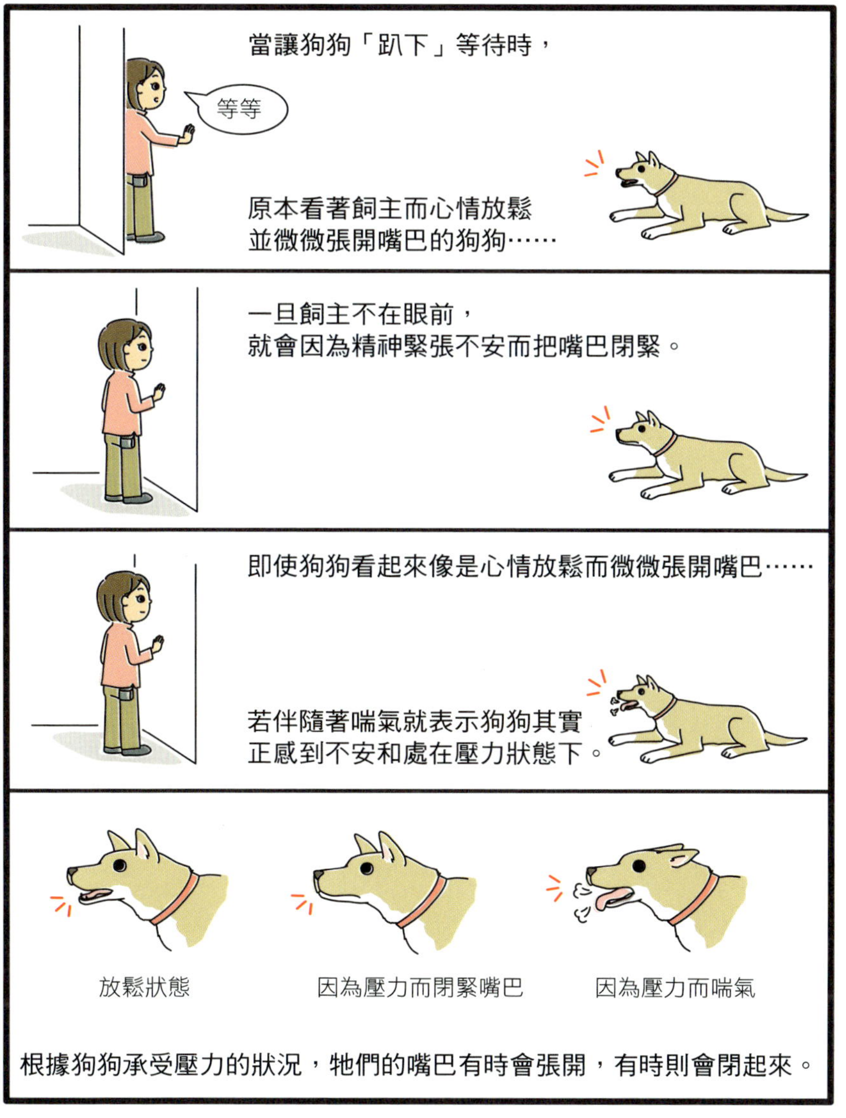

2-16

嘴角上揚

放鬆

開心、高興

筆者認識一位有著不少特殊經歷的獸醫師。他大學時代為了進行關於鯨魚的研究，在捕鯨調查船上待了好幾個月，甚至有航行到南冰洋的經驗。畢業之後則到日本競馬協會（JRA）就職，從事馬匹的診治工作。之後他又接受了學長的邀約，最後變成了負責醫治貓狗的開業獸醫師。

我有時候會跟他聊到「本來從事鯨魚研究和醫治馬匹的工作，最後卻變成治療狗貓的獸醫師，感覺好像繞了好大一圈呢……」他卻回答我「不會啊，那些時間完全沒有白費喔，畢竟都是哺乳類動物嘛，肌肉、骨頭、神經這些構造雖然有些許的差異，但大部分還是共通的。」

接著他還告訴我，「因為人類也是哺乳類動物，所以也有很多的共通點，例如動物醫院目前所使用的藥品中，其實有八成以上的藥品都不屬於動物用藥，而是人類用藥」。

我的專門領域是狗狗，事實上狗狗除了擁有尾巴、沒有鎖骨、耳朵會動、舌頭可以舔到鼻子這幾點的確與人類不相同之外，彼此之間是擁有很多相同點的。

舉例來說，狗狗和人類的笑臉就有很多共通的部分，例如笑起來時溫和的眼神，還有嘴巴微微張開、嘴角上揚等動作。特別是嘴角上揚的時候，有些狗狗的臉頰部分還會皺起來，一看到牠們隆起的皮膚就知道牠們在笑。

有一次我看到了一張法國鬥牛犬展現這種笑臉的照片，忍不住就發出了「這根本跟笑臉符號一模一樣嘛！」的讚嘆。把這張照片實際跟笑臉徽章放在一起後，看起來也真的是一模一樣，於是我興奮地把這個發現告訴我的朋友們，他們也全都微笑地發出讚嘆說「真的耶！」

正是因為狗狗和人類擁有著相同的表情肌肉，所以才會有這種相似的表情吧。

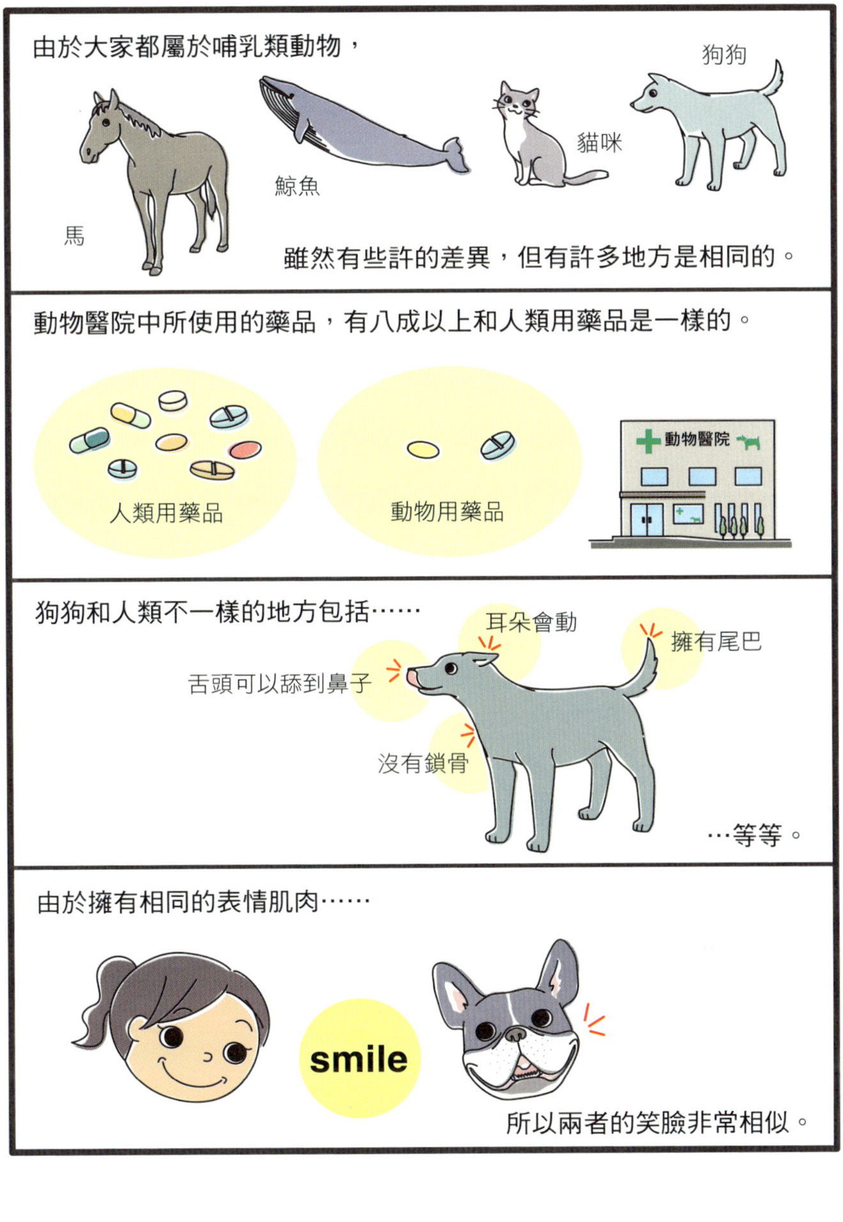

2-17 耳朵轉向側邊

不安 壓力 警戒

大部分草食動物的耳朵可以朝向正後方，以便作為探測危險的雷達，是增加存活機率所必需的重要功能。即使正在進食，牠們的耳朵也會一下轉向側邊、一下轉向後方，這是因為唯有擁有能做出這種動作的遺傳基因，才有機會適應環境和繁衍後代。

各種動物能聽到的聲音頻率各不相同，以草食動物為例，為了探查獵食者的動靜，牠們在聽覺的演化上，可能會對於獵食者在移動時所發出聲音的頻率變得越來越敏感。

而身為獵食者的一方，也會對獵物移動時所發出聲音的頻率特別敏感。例如貓咪和狗狗能聽到的聲音頻率範圍就有所不同，據說狗狗能聽到的頻率範圍為4萬5000赫茲以上，貓咪則可聽到6萬赫茲以上，這兩者的不同可能與其祖先獵食的獵物大小不同有關，獵物的體型越小，發出的鳴叫聲和活動時產生的聲音頻率也會越高。

那麼狗狗耳朵的移動方式呢？狗狗耳朵所能轉動的範圍，並沒有草食動物廣，耳朵能轉向左右兩側到稍微向後方，但無法完全朝向正後方。若觀察到狗狗的耳朵不時在轉來轉去，就表示牠正處在警戒狀態或壓力狀態下。

狗狗會將鼻頭對著在意的物體，並利用視覺和聽覺收集周圍的訊息，若只有耳朵在動，就表示狗狗判斷目前鼻頭朝向的方向最好不要改變。

筆者飼養的狗狗小鐵，當牠在不安的狀態下聽到我下指令時，耳朵會一直動來動去。雖然我要求牠將視線對著我的方向，但牠的耳朵還是會想要探查是否有危險的聲音而不斷動來動去。

　　至於有些狗狗的耳朵都一直是平躺的，這是因為牠們對於危險或獵物的探查能力較差，若處在自然界是會逐漸被淘汰的，而之所以會有這種狗狗是由於人工培育的關係。

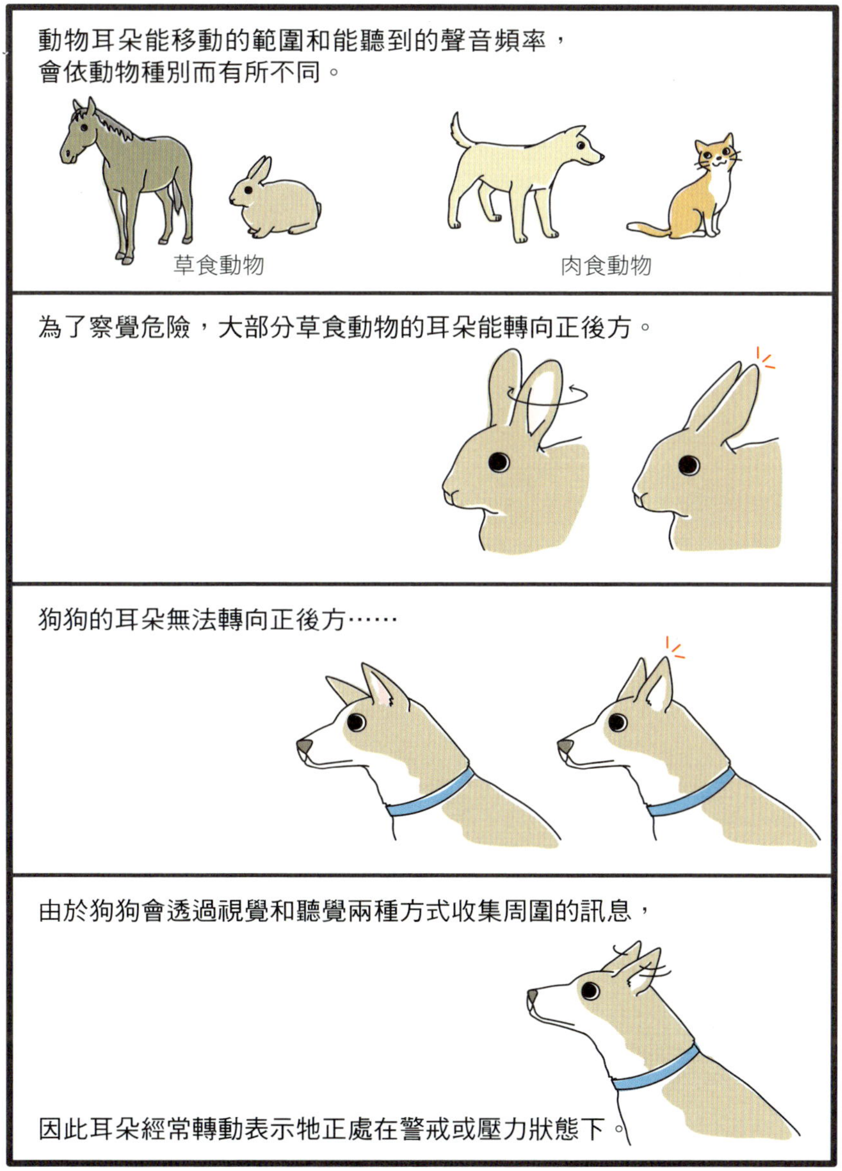

2-18 耳朵向後平貼

不安　壓力　警戒

當我們撫摸狗狗頭部的時候，應該可以發現有不少狗狗會把耳朵向後平貼吧。狗狗之所以會把耳朵向後平貼，是因為牠們覺得對方很恐怖。

日本人向來覺得摸頭是一種獎勵行為，被摸的對方也會覺得很開心。至於被摸頭的一方，想必也曾經有過一被摸頭獎勵就開心不已的時光。不過這並不是與生俱來的反應，而是一種透過經驗而學習到，由條件制約所產生的感情。

我們在出生後不久，就會體驗到被撫摸頭部的經驗。不論是透過經驗學習或是條件制約，我們都是從一無所知的白紙狀態下體驗到頭部被撫摸時，對方會傳來溫柔的話語與滿臉的笑容，在重複多次相同的經驗之後，到了開始懂事的年紀，又要被別人摸頭，就會覺得自己受到褒獎而開心不已。

那麼狗狗又是什麼情形呢？一無所知、白紙狀態下的幼犬，這個時候多半還陪伴在母親身邊，即使是由人類扶養，也因為頭部過小，人類在撫摸牠們時大多會撫摸背部的位置而非頭部。在某些情況下很可能在從未被撫摸的狀態下成長，因此和人類的幼童比起來，大部分狗狗並未學習到被撫摸頭部等同於被誇獎而感到開心的體驗。

另外，為什麼狗狗在覺得對方很恐怖的時候會把耳朵向後平貼呢？這是牠們為了在萬一有危險的情況下，可以保護耳朵這如同雷達的重要器官，將損害控制在最小程度而採取的一種行為。簡單的說，就是牠們怕自己的耳朵被咬掉，所以才把耳朵藏起來，演變到了後來，就算實際上並不覺得耳朵會被對方咬掉，但因為心理上根深蒂固的習慣，還是會做出這種保護耳朵的反應。

各位可以試著用手去摸摸自家狗狗的頭，如果狗狗沒有把耳朵向後平貼，就表示牠很信任你，如果耳朵向後平貼了，表示牠對你抱持著警戒，或是覺得你很可怕也說不定。

動物行為的四個為什麼

到目前為止有三位動物行為學家曾獲得諾貝爾獎，分別是卡爾・弗里希、康拉德・勞倫茲以及尼可拉斯・庭伯根。

其中最有名的應該是康拉德・勞倫茲，由於他所撰寫的科普書籍（註：即「所羅門王的指環」）極為暢銷，至今大家對他的名字應該還是耳熟能詳。

另一位學者尼可拉斯・庭伯根，則提出了目前依舊受到重視的論點，是在相關書籍一定會加以介紹和登場的動物行為學家。

他發現若想要徹底解釋動物的行為，就必須從四個觀點著手，分別為直接因素、演化因素、發育因素和演化系統因素。

例如狗狗在遇到緊急狀況時為什麼耳朵會向後貼平中的「為什麼」，分析其原因，可分為（1）**直接因素**：直接引發行為的生理機制是什麼？（2）**演化因素**：這個行為在演化上有什麼樣的意義？中間經過了什麼樣的適應過程？（3）**發育因素**：這個行為在個體的成長和發育過程中，是如何完成的？（4）**演化系統因素**：這個行為是源自於祖先的何種行為才發展出來的？也就是說，每個行為的背後，存在著四個不同觀點的答案。

本書在剖析狗狗的各個行為時，會儘量從這四個觀點中的其一，或不只一個觀點來進行分析與解釋，不過和主張必須完全解答出四個「為什麼」才能真正闡明動物行為的尼可拉斯・庭伯根先生相比，筆者實在是望塵莫及就是了……。

第3章

狗狗的動作

3-01

舉起尾巴

集中
開心、高興
威嚇、警告
警戒

從狗狗尾巴位置，也可以看出牠們目前的心理狀態。

為了了解狗狗尾巴的位置變化，首先必須先了解牠們在一般狀態下尾巴放在哪裡。如果是充分社會化的狗狗，可以觀察牠們平時散步時尾巴的姿態作為參考依據。

根據狗種的不同，一般狀態下尾巴的位置會有所差異，像筆者所飼養的狗狗大福，牠的尾巴在一般狀態下經常豎得直直的，另一隻狗狗小鐵，牠的尾巴平常是保持在水平線上下各15度左右的位置。在知道狗狗尾巴平常的位置之後，尾巴位置出現向上舉起或是下垂等變化就可以看得出來。

當尾巴比平常位置還要向上舉起時，表示狗狗對某個感興趣的對象很在意，處於很積極的狀態。不過積極的狀態下心情還會分成兩種，一種是「哇！」的開心心情，並不打算採取攻擊行為，另一種則是「這傢伙是誰啊！」的警戒狀態，視情況說不定還會發動攻擊。

當然，在判斷狗狗是處在開心還是警戒狀態時，還必須觀察牠們的耳朵、眼神、嘴巴的狀態、尾巴是搖動著還是停止不動、搖動又是如何的搖動方式，以及尾巴出現變化的前後是否有發生什麼事件。不能只因為尾巴向上舉起，就單純地以為狗狗現在很開心。

有些狗狗為了配合人類的喜好，在出生沒多久就被斷尾，像貴賓犬之類的狗狗還保留了一些尾巴，有的則像柯基犬一樣，從外觀上幾乎已完全看不到尾巴。另外也有些像法國鬥牛犬一樣的狗狗，尾巴天生就很短，而且經常捲成一團。

狗狗的尾巴越短，就越難從中了解牠們的心理狀態，若飼養的是這種狗狗，就必須學會從狗狗其他身體部位的變化來判斷牠們的心理狀態。

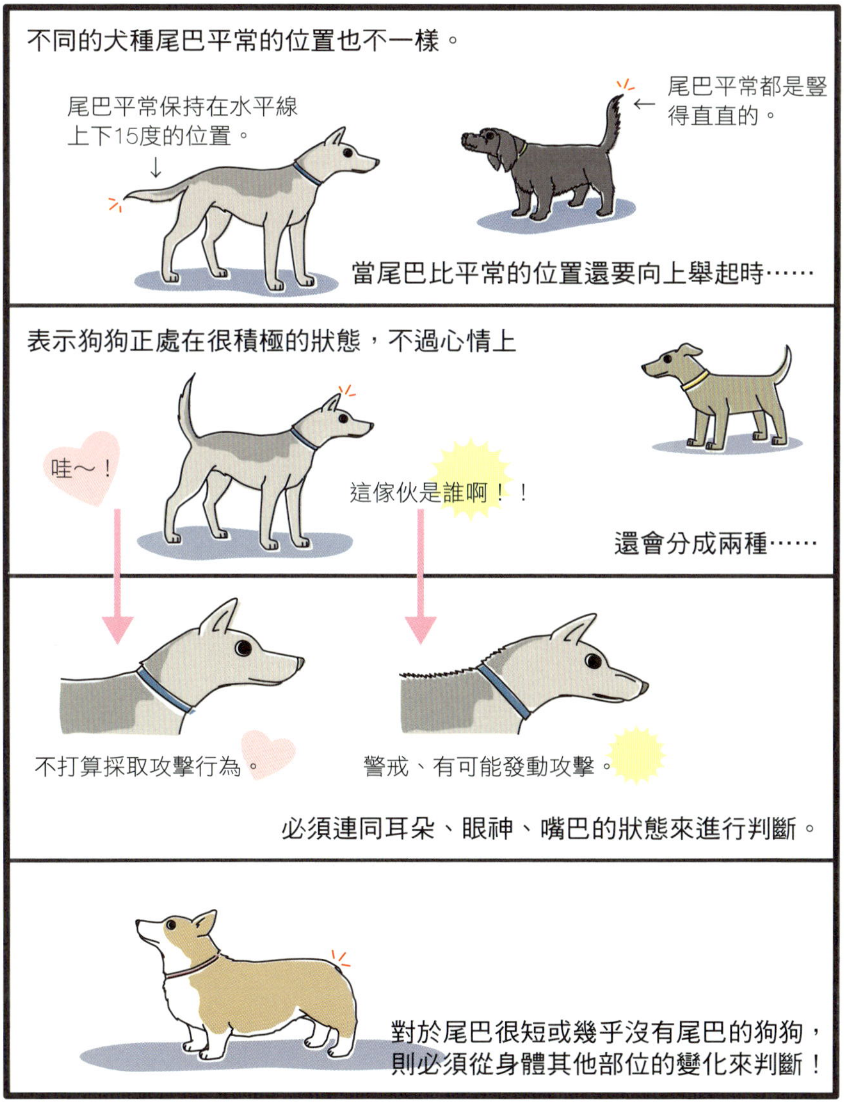

3-02

尾巴下垂

壓力 恐懼 警戒 不安

前篇已經說明了舉起尾巴代表的意義，那麼尾巴下垂又代表了什麼呢？

狗狗的尾巴下垂，表示牠的心情處在警戒或不安的負面狀態下，不過此時牠們的心情同樣也是分成兩種，一種是雖然有點害怕但完全沒有要採取攻擊行為的態度，另一種則是潛藏著「再逼我我就真的咬過去囉」的攻擊情緒。

要判斷狗狗是哪一種情緒，則必須同時觀察耳朵、眼神和嘴巴的狀態，以及出現變化的前後是否有發生什麼事件。

有時候狗狗的尾巴不只下垂，還會把尾巴夾在兩腿之間，或甚至將尾巴捲起來完全藏在腹部下面。這種變化在狗狗的恐懼程度越高，或是越想要強烈表示自己完全沒有要採取攻擊行為的打算時，會變得越來越明顯。

這一點也是當我們觀察到狗狗的尾巴下垂之後，難以判別牠們到底會不會採取攻擊行為的地方。

此外，狗狗把尾巴夾在兩條後腿之間，或進一步把尾巴捲起來完全藏在腹部下面，這種動作是有其意義的。就跟把耳朵向後平貼一樣，狗狗是為了應付萬一可能發生的危險，所以才把尾巴這個部位藏起來。雖然會給人一種所謂「夾著尾巴逃走」的感覺，但其實這應該是狗狗不想讓尾巴被對手咬住而採取的一種逃跑姿態。

另外還有一種不同的看法，認為這是狗狗為了保護外生殖器官而採取的動作。就算尾巴受到傷害，只要還能活下去或許就可以留下後代，但若是外生殖器受傷就沒有機會繁殖後代了，所以才會用尾巴來保護外陰部。

不論是哪一種理由，狗狗會做出夾起尾巴的動作，都是基於害怕自己的身體可能遭受到對方攻擊、必須採取保護動作的想法而採取的一種行動。

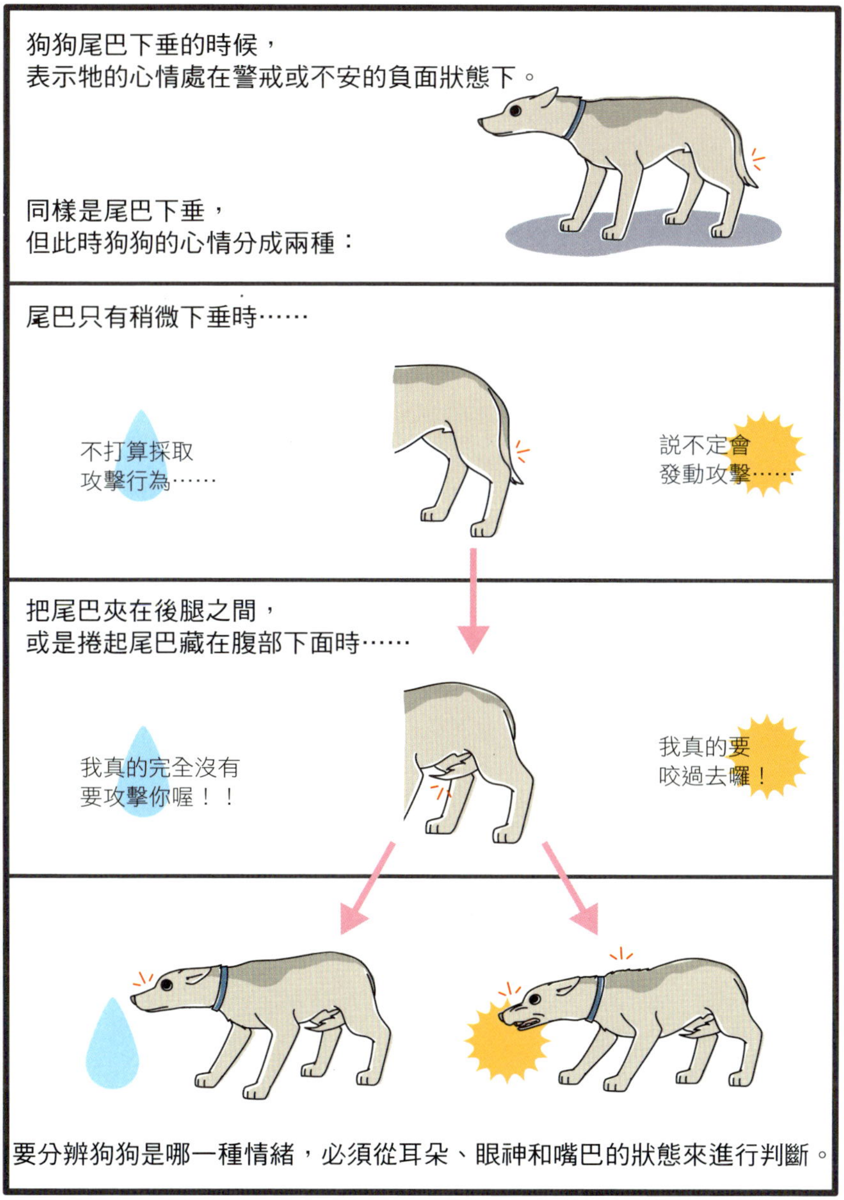

3-03

搖尾巴

不安　開心、高興　安定訊號　警戒　興奮　放鬆

接下來，讓我們繼續解讀狗狗尾巴的動作吧。

尾巴維持在停止不動的狀態有兩個意義，一種是中立的心理狀態，沒有特別開心、不安或興奮，另一種則是狗狗將注意力集中在某個對象上，或是對某個對象感到警戒的緊張、僵硬狀態。

若是緩慢地搖動尾巴，則是有點興奮的狀態，或是偷偷地在觀察對方的態度，就像是：待會兒會怎樣呢、該行動的時候我就會行動、看你的態度如何我再決定要怎麼做……之類的感覺。

當尾巴激烈地搖動時，則表示狗狗感到很興奮，特別容易出現在有個性的狗狗身上。牠們的尾巴會縱向搖動、左右搖動、有時還會轉圈圈，若是短尾的狗狗，看起來就會非常忙碌。在筆者擔任講師的專門學校裡有一隻英國可卡獵犬，牠尾巴的搖動速度可以說是快得讓人看不清，而且還會上下左右外加轉個不停。

此外，從尾巴搖動方式與位置之間的相互關係，還可以大致推測出下列幾種心理狀態。

當尾巴比平常位置稍微下面一點且慢慢搖動時→有點開心但又有點不安，不知道等一下會發生什麼事。若尾巴垂得更下面且緩慢搖動時→警戒地觀察對方的狀態，視情況可能會發動突擊。尾巴舉得高高地且小幅度地激烈搖動→既開心又超級興奮。尾巴舉得高高地且緩慢搖動→對自己充滿自信，看對方的態度如何再決定要怎麼做。尾巴舉得高高地突然靜止不動→已經把對方當作目標加以瞄準。

尾巴搖動方式與位置之間的關係……

比平常位置稍微下面一點
且緩緩地搖動……

有點開心但又有點不安，
不知道等一下會發生什麼事。

尾巴垂得更下面且緩慢搖動……

警戒地觀察對方的狀態，
視情況可能會發動突擊。

尾巴舉得高高地
且小幅度地激烈搖動

既開心又超級興奮。

尾巴舉得高高地
且緩慢搖動

對自己充滿自信，看對方的態度
如何再決定自己要怎麼做。

像這樣的感覺。

信號訓練法

即使是偶然情況下發生的生理反應或行為，狗狗也能因為其所引發的結果而學習到讓該行為出現的頻率增加，或是因為對特定環境的變化（包括信號在內）產生反應，而學習到讓那個行為發生。

大部分的壓力反應之所以會與安定訊號的行為相同，也是因為某些偶然情況下所發生的生理反應，由於其所引發的結果而促使該行為出現的頻率增加。

以筆者所飼養的狗狗大福為例，牠可以在接收到某個信號後做出打噴嚏的反應。實際上筆者是利用響片訓練讓牠學會這個行為的。簡單來說，就是在牠偶然打噴嚏的時候提供「好東西」給牠，也就是給予牠食物獎勵，這麼一來，牠知道提供「好東西」的人是我，於是會一直盯著我的臉看，然後頻繁地做出打噴嚏這個行為。

當牠變得會看著我並一直打噴嚏之後，接著我會在感覺牠快要打噴嚏之前，對牠發出一個信號，讓牠體驗到「信號→打噴嚏→好事發生」的模式。這項模式是基於學習心理學、行為分析學中「三項後效強化（three-term contingency）」的理論，當學習者重複體驗到「前導刺激→行為→結果（好事發生或討厭的事消失）」的模式之後，只要接收到前導刺激，就會確實的採取對應的行為。

接著，在以信號誘發狗狗打噴嚏的學習過程中，我們要在前導刺激→行為→結果中再加入一個步驟。原本這整個過程是從狗狗「自發性的打噴嚏→好事發生」的模式開始，現在我們要讓「自發性的打噴嚏」後，沒有任何事情發生。也就是說，狗狗會感受到「信號→打噴嚏→好事發生」，而「自發性的打噴嚏→沒有任何事情發生」。這麼一來狗狗「自發性的打噴嚏」出現的頻率會越來越少，而只會在發出信號的時候才做出打噴嚏的行為。

這種利用發出信號來誘發行為出現的操作過程，稱之為**刺激控制**，此時所發出的信號，則稱之為**區辨刺激**，而不是前導刺激。讀者們若想利用信號誘發狗狗做出某種自發性的行為時，可試著使用以上的方法訓練看看。

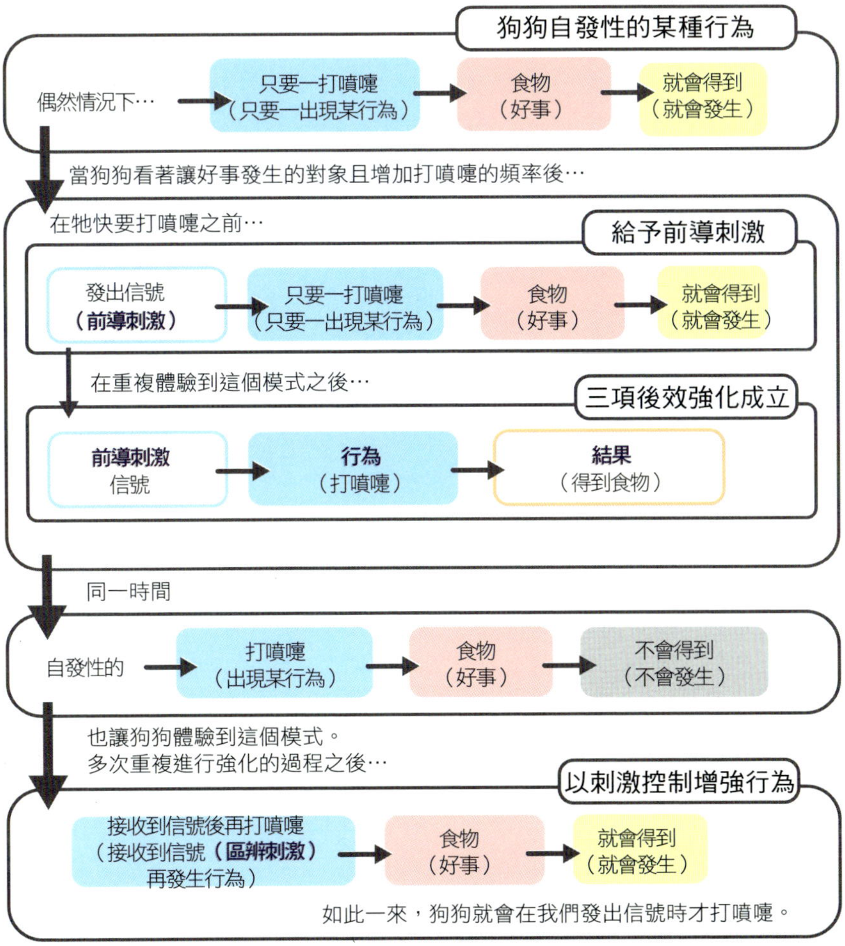

3-04

放低頭部

恐懼　不安　開心、高興

狗狗之所以會放低頭部，最常見的原因是牠對對方感到不安或恐懼。有些人認為當飼主叫狗狗「過來」的時候，如果狗狗遵照指令時頭部是低垂著，表示牠感受到飼主的威嚴，對飼主非常服從。不過說到底，其實這只是因為狗狗覺得對方很恐怖而已。

的確在不久之前，狗狗和飼主之間的關係還定位在服從關係上，而大家也對此深信不疑。在2008年以前環境省（相當於臺灣的環保署）所主辦的正確飼養動物講習會巡迴課程中，擔任講師的警犬訓練師所推廣的觀念，即是「狗狗擁有服從的本能，能夠透過訓練或是行為教育將牠們的本能引發出來」。

不過從2009年開始，該講習會的講師改由JAHA所認證之家犬行為教育指導員（包括筆者在內）來擔任，所推廣的觀念也改為「狗狗和人類之間的理想關係為共生關係」。從服從關係改成共生關係，狗狗和人類之間的理想關係，可說是發生了極大的改變。

話題回到狗狗的動作。當狗狗出現放低頭部、耳朵下垂、嘴角揚起、尾巴下垂、皺起鼻頭、背部拱起、突然停下動作、眼神尖銳等姿態時，若我們把手伸到牠的面前，很可能會有被咬的危險。雖然狗狗大多還會伴隨著發出低吼或露出犬齒等行為，但其實牠們可說是處在一種「狗急跳牆」的狀態，有不少狗狗還會全身小幅度地顫抖。

然而還有另一種狀態，狗狗同樣會表現出放低頭部、耳朵下垂、嘴角揚起的姿態，不過下垂的尾巴會搖動著，而且連腰也會一起扭動，還伴隨著溫和的眼神。這些姿態表示狗狗覺得雖然有些害怕但又很開心，於是表現出友善的態度，同時還可能會張開嘴巴、舔舔舌頭，感覺很想靠近我們。當然在這種情況下，就算我們把手伸到狗狗面前也不用擔心會被牠們咬。

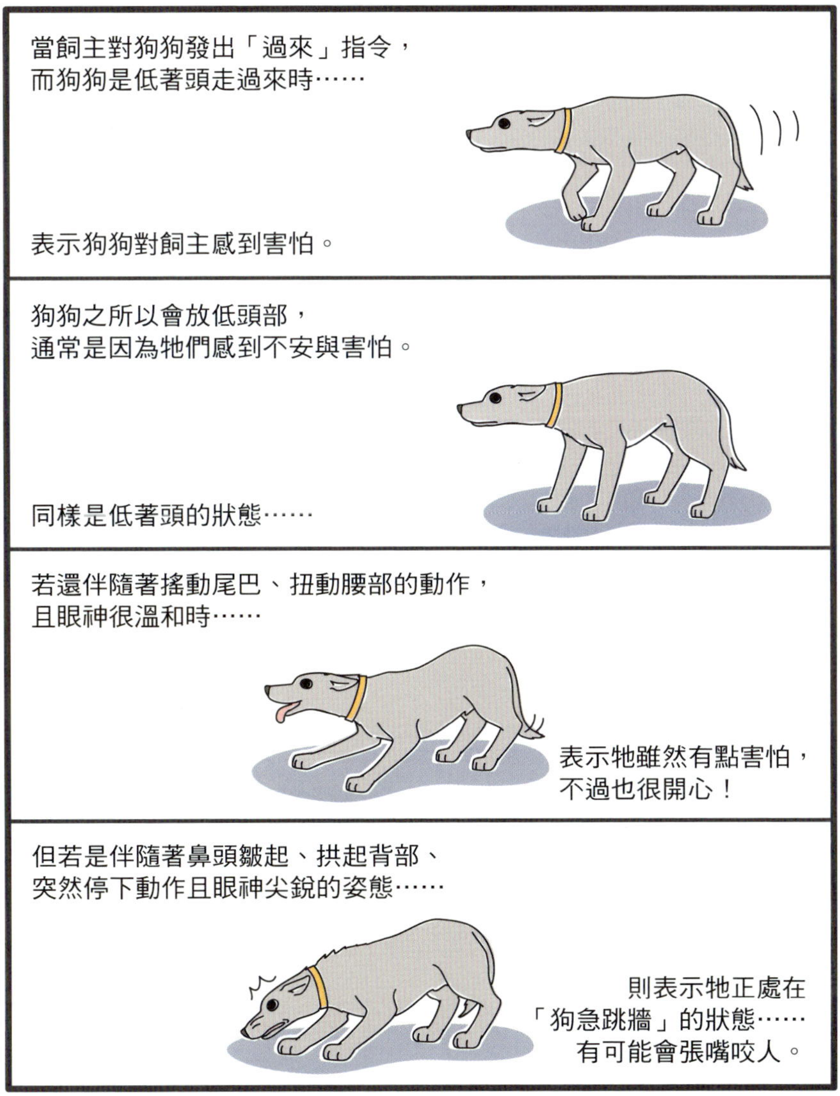

3-05

臀部抬起

開心、高興　安定訊號　興奮　不安

前一篇說到「狗狗之所以會放低頭部，最常見的原因是牠對對方感到不安或恐懼」，其實還有另一個原因，就是牠「想玩的時候」也會把頭部放低。

而狗狗「想玩的時候」的肢體語言，除了放低頭部之外，還會伴隨著「臀部抬起」這個動作。牠們會突然把頭部放低，一瞬間動也不動，然後舉起尾巴、豎起耳朵、眼睛閃閃發光、簡單地說就是臉上露出笑容的狀態，有時嘴巴還會微微地張開。

這種邀請對方一起玩耍的敬禮姿勢，被稱為邀玩動作（playing bow）。若是活力旺盛的狗狗，還可以看到牠擺出這個姿勢左右跳來跳去。像我家的狗狗大福就完全屬於這種類型，經常對著我做出這種肢體語言，想要邀請我陪牠一起玩耍。

至於我家的另一隻狗狗小鐵，雖然偶爾也會做出這種邀玩動作，不過有時候動作會有一些不同。牠會慢慢地低下頭做出「邀玩姿勢」後，保持著這個姿勢不動，而非只是一瞬間而已。

像這樣維持不動的邀玩姿勢，狗狗會在什麼情況下做出來呢？以小鐵為例，當牠想跟第一次見面的狗狗一起玩時，就會做出這種姿勢，這表示牠雖然很想玩，但又對不熟悉的對象感到有些不安，於是將不安表現在這個動作上。

邀玩動作也可算是安定訊號的一種，小鐵的這個行為，是想要向對方表示自己沒有敵意，同時也想要減輕自己的不安，可說完全就是安定訊號存在的意義。

這種邀請對方一起玩耍的敬禮姿勢，
稱為邀玩動作（**playing bow**）。
個性活潑的狗會一邊
左右跳來跳去，
一邊向對方邀玩。
若是面對第一次見面的陌生狗狗，
則會維持著這個姿勢不動。
這也是為了向對方表示
自己沒有敵意的一種安定訊號。
……

3-06

伸懶腰

壓力 安定訊號 其他

狗狗還有另一種會把臀部抬起來的姿勢，那就是伸懶腰。就跟我們早上起床時會伸懶腰一樣，因為睡覺時長時間維持在同樣的姿勢會讓肌肉緊縮，而伸懶腰這種伸展動作可以拉開這些肌肉。

除了早上起床之外，我們在別的時候也會伸懶腰，譬如長時間坐在椅子上的時候。這個時候的伸懶腰就不只是為了拉開長時間不動而緊縮的肌肉，還包括了減輕壓力的目的，因為伸懶腰同時也具有減輕壓力的效果。

狗狗的伸懶腰動作，會把臀部抬起、前肘靠在地面上，然後使勁地把背部仰起，有時還會接著做出伸展後腳的動作。跟我們一樣，牠們不只是在剛起床時伸懶腰，在感受到壓力的時候也會做出這個姿勢。

事實上，若將伸懶腰的動作加以分解，前半部的動作和邀玩動作幾乎是一樣的，或許頭部放低、臀部抬起的這種安定訊號，並非由邀玩動作演變而來，而是從伸懶腰的姿勢發展而成的也說不定。

此外， 像這種前肘靠在地面上臀部抬高的姿勢，有不少飼主喜歡把它作為狗狗的才藝表演加以訓練。這是因為若由人類來做這個姿勢，看起來就像是跟別人行禮一樣。

訓練的方法很簡單，先等待狗狗剛起床的時機，等牠一做出伸懶腰的姿勢，就拿食物給牠吃。不久之後，狗狗就會一邊看著你一邊伸懶腰，而你也可以漸漸抓到牠快要伸懶腰前的時機。下次在牠快要伸懶腰的時候，就發出「敬禮」之類的信號，給予狗狗一個前導刺激。由於完成了「敬禮（前導刺激）→伸懶腰（行為）→好事發生」的三項後效強化機制，不久之後當狗狗接受到「敬禮」這個信號時，就會做出伸懶腰的姿勢了。

3-07

打哈欠

壓力　不安　安定訊號

打哈欠是安定訊號中的一種。

由於過去訓練狗狗的方式和軍事訓練一樣，要求牠們要完全服從人類，因此一旦狗狗在訓練過程打哈欠，訓練人員通常會一邊斥責「你在幹麼！」一邊把牽繩用力向上提，理所當然地給予狗狗一頓處罰。

不過隨著在狗狗的訓練方式中導入學習心理學和行為分析學的觀點，目前已知經常對狗狗施加懲罰除了會讓牠們更常出現逃避行為或攻擊行為之外，還可能使牠們變得沉鬱沒有精神。再加上已有越來越多人了解安定訊號的內容，知道狗狗打哈欠並非代表精神上的鬆懈，而是一種承受到壓力時會出現的反應，因此在對待狗狗的想法上也已有所改變。

「由於打哈欠是一種壓力信號，因此應該要紓解狗狗的壓力」這種觀念，對於有引進科學訓練法的訓犬人員或行為教育指導員來說，已是一種基本常識。仔細想想，我們人類會在想睡或感到無聊時打哈欠，在某種意義上也可說是處在壓力狀態下的一種反應。

為什麼我會這樣說呢？因為想睡的時候就去睡，感到無聊的時候就改變現況，處在人類社會中的我們根本不可能做得出來這種隨性的行為，因此大家平常都是在強迫自己忍耐，也就是說經常處在壓力的狀態下。

一般認為打哈欠是因為腦中的氧氣供應量不足，因此才會大口地吸進空氣以便獲得足夠的氧氣。而氧氣供應量之所以會不足，壓力也是重要的原因之一。總結來說，感受到壓力就出現打哈欠的反應，是為了獲得足夠的氧氣。

順道一提，不管是人類還是狗狗，從嬰兒時期開始就會打哈欠，是一種與生俱來的行為。這種行為並非只屬於壓力反應，由於大家會透過經驗而學習到打哈欠可以緩和情勢，讓對方不要過份注意自己，才會轉變成為安定訊號的一種。

3-08

發出「哼」的鼻氣聲

壓力

其他

有時候會聽到狗狗用鼻子發出好像「哼」聲的鼻氣聲，感覺好像是用鼻子在發出笑聲一樣。如果聽到別人發出這種聲音，通常會讓我們有一種被對方鄙視或嘲笑的感覺，還會感到生氣。就算是狗狗，聽到時心裡也會莫名有些不高興。

當然，狗狗並不是在瞧不起對方，那麼到底是為什麼狗狗要從鼻子發出「哼」的鼻氣聲呢？

其中一個原因和打噴嚏一樣，是因為鼻水要從鼻腔流出來了。如同本書第58頁「舔鼻子」所說明，狗狗的鼻水包括鼻腔腺體所分泌的液體以及從鼻淚管流下的淚水。正常的情況下，多餘的鼻水會順利地流往喉嚨的方向，但是如果狗狗因壓力等原因造成鼻水大量增加時，就會出現打噴嚏或一直舔鼻子的行為。而在鼻水還沒多到要打噴嚏或一直舔鼻子的程度時，就會做出從鼻子發出「哼」聲的噴鼻氣行為。

狗狗會不會發出這種鼻氣聲，似乎會由犬種或體質來決定。像筆者家的兩隻狗狗就很少發出這種聲音，而查理士王小獵犬或法國鬥牛犬這一類的短顎犬則較常出現。

另一個發出鼻氣聲的原因，是狗狗想要把先前聞到的味道清掉。這種噴鼻氣的動作通常發生在狗狗嗅聞了某樣東西之後。狗狗因為對某樣東西很感興趣所以去嗅聞看看之後，又覺得沒什麼大不了的，而且也聞夠了，於是想要把這個味道清掉，但是氣味分子已附著在鼻水上，所以才必須藉由噴鼻氣把這些氣味清除。就和我們品嚐日本酒時，會先漱漱口再喝酒是一樣的道理。

總而言之，狗狗發出「哼」的鼻氣聲時，絕對不是瞧不起你的意思，請不要對著狗狗生氣喔。

3-09

撇過頭去

壓力 安定訊號 不安

有些狗狗在做出前篇「哼」的噴鼻氣動作（為了清除原先嗅聞到的氣味）後，還會把鼻頭轉開，離開原先嗅聞的對象。這種動作經常出現在狗狗的訓練過程中，狗狗會先聞一下作為獎勵的食物，然後發出「哼」一聲地撇過頭去。或者是飼主回家時，狗狗會先聞聞飼主在外面所沾染到的氣味之後，接著做出撇頭的動作，看起來就像是狗狗聞過飼主的氣味後不屑地撇過頭去一樣。不論是哪種情況，就算知道狗狗並非這個意思，還是會有一種被狗狗用鼻子嗤笑的感覺。

當然，狗狗會做出前者那種行為，是因為訓練過程中給予狗狗太多壓力，因此狗狗學習到「只要忽視眼前的食物，就會有好事發生」。後者則不過是狗狗嗅聞完飼主身上和平常不同的氣味之後，出現的自然反應而已。

即使不發出「哼」聲，狗狗也很常出現撇過頭去（也就是改變鼻頭朝向的方向）的行為，其實應該說，是因為我們經常想要用眼神贏過狗狗，所以牠們才經常想要移開視線，並延伸出撇過頭去的行為。

移開視線是安定訊號的一種 ，目的是在向對方表示「我沒在看你，所以你也不要一直看我」。忘了跟大家說明，其實安定訊號並非狗狗獨有的行為，儘管種別間會有一些差異，不過大部分的哺乳類動物都有著類似的安定訊號，當然我們人類也包括在內。

當我們在街上看到感覺有點像危險份子的人時，我們是不是會瞄了一眼後，就刻意把臉看向別的地方呢？挨罵的時候也是，我們是不是會移開視線，稍微低著頭不看向對方呢？也就是說，不正面面對著對方、把頭轉開看向別處的這種行為，在人類和狗狗之間是一樣的。

所以說，你家的狗狗會不會經常撇過頭去呢？如果答案是肯定的話，現在應該知道是為什麼了吧！

3-10 轉身背對

壓力　安定訊號　不安

繼移開視線、撇過頭去之後，更進一步狗狗會出現什麼行為呢？答案就是轉過身背對著對方。

這種行為經常出現在強制訓練過程中的狗狗，例如用力迫使狗狗「坐下」的訓練方式。在這種強制訓練過程中，口令或命令對狗狗而言就是一種信號。由於過去有不少相關書籍都寫著要用充滿威嚴的口吻發出口令，因此即使飼主心裡覺得「有必要對狗狗這麼兇嗎……」，還是會遵照書中所教的方式，以嚴厲的口吻對狗狗發出「坐下！」口令。

依照三項後效強化的理論，動物在記住作為前導刺激的信號之後，只要耳朵一接收到信號，就會馬上做出行為。例如當我們把裝有狗食的袋子拿在手中時，本來在隔壁房間的狗狗一聽到袋子的聲音，就會馬上靠過來。在這個反應中，**「狗食袋發出的沙沙聲→走到飼主身邊→得到食物」**的三項後效強化成立，於是狗狗對前導刺激產生反應，迅速來到飼主的身邊。其中前導刺激也可以是鈴鐺聲或門鈴聲，在這個機制中，與飼主有沒有威嚴根本毫無關係。

相反地，若飼主用充滿威嚴的嚴厲口氣大聲發出命令，反而會讓狗狗感受到壓力，導致狗狗出現移開視線、撇過頭去等反應。而飼主因為自己的命令被狗狗忽視，於是就「坐下！」「坐下！！」「坐下！！！！」，口氣越來越像是在責罵狗狗一般，最後用手壓住狗狗的臀部，強迫牠坐下去。雖然狗狗最後的確是坐下了，但這個時候牠們都會背對著飼主。

想要讓狗狗在訓練過程中越來越進步，祕訣就在於不要給牠們施加壓力。不要求狗狗做牠們做不到的事，當牠們無法完成指令時，則應該先回到牠們能夠完成的訓練階段，請各位讀者務必要記住這個重要的觀念。

3-11

東張西望

壓力　警戒　不安　恐懼

曾經有人做過一項研究，調查狗狗和飼主彼此接觸30分鐘後，飼主體內的賀爾蒙變化。研究人員會測定飼主在和狗狗互相接觸之前與之後尿液中催產素的濃度，並計算接觸過程中狗狗注視著飼主的時間。而研究結果顯示，事前問卷調查中與狗狗之間的關係被判定為「良好」的飼主，在和狗狗互相接觸之後，體內的催產素濃度會大幅上升，同時催產素濃度上升的幅度，會與狗狗注視著飼主的時間長短成正比。

催產素是一種被稱為「幸福賀爾蒙」的內分泌激素，當我們感到幸福時，體內催產素的濃度就會上升。從上面的調查結果可以看出，和飼主關係良好的狗狗，很喜歡經常看著飼主，而飼主在和這樣的愛犬相處時，體內的催產素濃度就會增加。

另一方面，若是與飼主關係較差的狗狗，則不會經常看著飼主，而是會把注意力放在四周，隨時尋找是否有比飼主更具吸引力的事物。通常這種狗狗與飼主之間的信賴感也不強，由於牠們不認為飼主會保護自己，因此覺得必須靠自己隨時注意周遭的狀況，才能防止自身發生危險。

若想要改善這種關係，飼主必須要想辦法提升自己對狗狗的吸引力，同時還需要建立人狗之間的信賴關係。要達到這個目的，以下兩點非常重要：第一，以不會給狗狗造成壓力的方式，教導狗狗大量學習我們想要的行為；第二，不要利用責罵的方式去矯正狗狗的行為。

狗狗無法注視著飼主的另一個重要原因就是牠們的社會化不足。因為狗狗並未充分適應社會性的刺激，造成牠們容易感到不安、恐懼和心理壓力，於是視線也會容易東張西望，無法固定看向某處。如果可以讓牠們接受充分的社會化教育，逐漸適應社會性的各項刺激，問題就會漸漸改善。

3-12

甩動身體

壓力 安定訊號 其他

當我們用慢動作來播放狗狗的動作時，會發現其中有些動作真的會讓人驚呼連連。

像是牠們從水碗裡喝水時的舌頭動作，在我們的想像中，應該會像人類用手掬水一樣，在舌頭中間形成一個凹處，然後用那個凹處將水撈起來喝，不過一旦使用慢動作來觀看牠們的動作時，就會發現舌頭捲起來的方向居然是完全相反的。牠們會將舌尖向下顎方向捲起後，將水往上撈起來喝掉。由於並非使用凹陷處來撈水喝，因此在把水喝進嘴巴之前，會有相當多的水灑出來。

更讓人驚嘆的是狗狗甩動身體的動作，從慢動作的影像中可以發現，狗狗甩動身體時，背上的皮膚會大幅度地甩動到側腹部的位置。

這種甩動身體的動作，除了狗狗因為全身溼透而想把水甩乾的時候會出現之外，當牠們感受到壓力時也常常會做出這個動作。相信大家都已經知道，狗狗會因為壓力而導致全身僵硬，而這種甩動身體的動作可以放鬆僵硬的肌肉，屬於能夠紓解壓力的行為，因此也被歸類為安定訊號中的一種。

這種動作經常出現在狗狗們彼此玩耍的過程中，主要是為了讓玩得太過興奮的狀況冷靜下來，或是緩解自己的緊張。玩到一半稍微休息的時候也很常出現，這是狗狗為了告訴對方「應該已經玩夠了吧」。若是在訓練過程中出現，同樣地也是要向飼主表達說「夠了沒，可以讓我休息一下嗎？」很可能是因為訓練過度或是訓練的難度過高，使得狗狗感到混亂。

狗狗還有一些其他的動作在慢動作播放下會讓人驚嘆不已，目前市面上可以慢動作播放影片的數位相機大約只需要新臺幣九千元左右，有興趣的讀者也可以買來試試看拍攝狗狗的動作，說不定可以從中得到很多的樂趣喔。

3-13

搔抓身體

壓力　安定訊號　其他

筆者曾看過一個電視節目，當時節目中請到一位同時也身為畫家的藝人，我對他在節目中不斷搔癢的動作感到印象非常深刻。後來我又看到關於這位畫家的貼身採訪紀錄片，發現他在紀錄片中幾乎沒有搔抓身體的動作，和他作為藝人上電視的時候完全不一樣。

我猜想他作為藝人上電視時應該感到不少壓力，而平常身為畫家的生活才是他最真實的自己，自然感受到的壓力也較少。

一旦感受到壓力時，身體就會發癢，發癢的程度各自有所不同，未必會像這位藝人那麼嚴重，就像我們感到困擾的時候，有時候也會覺得頭部發癢一樣。

壓力造成身體發癢的機制，一般認為是大腦感受到壓力後，會從皮膚的神經末梢釋放出一種名為神經胜肽的物質，該物質會刺激肥大細胞分泌組織胺，使身體產生搔癢的感覺。而這個機制在人類和狗狗身上都是一樣的。

也就是說，當狗狗感到身體搔癢的時候，有可能表示牠正承受著壓力。若是在訓練途中或是飼主發出指令的時候出現搔抓身體的行為，就幾乎可以肯定是因為壓力造成的發癢了。這個時侯狗狗是在告訴飼主「請不要叫我做那些事！」或是「這好困難，我腦袋一片混亂了！」換言之，牠們正在表現出安定訊號。

若搔癢行為出現在狗狗們彼此玩耍的過程中，就表示牠們想要告訴同伴，「我正在忙著抓癢，才沒有一直在注意你呢！」或是跟甩動身體一樣「請你冷靜一點！」，同樣也屬於安定訊號的表現。

感受到壓力時，身體會變得發癢。
？
轉圈圈！
我叫你轉圈圈啊！
壓力
到底在說什麼？
壓力
真是的～
為什麼都學不會啊？
神經胜肽
釋放
釋放
刺激
壓力
壓力
肥大細胞
分泌
組織胺
好癢喔～！
可能造成身體發癢
好癢喔～！
屬於安定訊號的一種

3-14

前腳單腳抬起

壓力　安定訊號　不安　其他

狗狗雖然有些動作看起來一模一樣，但其實代表著不同的意義，像前腳單腳抬起就是其中之一。

前腳單腳抬起的其中一個意義，就是壓力反應。也就是壓力造成狗狗的身體僵硬，於是固定在單腳抬起的動作上。有很多壓力反應和安定訊號一樣，而這種固定在單腳抬起的狀態也是其中之一，表示說自己並沒有想和對方爭鬥的意思，也可能是為了讓自己從緊張或興奮的狀態中冷靜下來。

有些物理上的原因也會讓狗狗不得不把單腳抬起來。例如狗狗坐在飼主左側的位置「坐下等待」的時候，有些狗狗因為會往上看著飼主，所以身體大部分的重心放在左腳上，使得上半身向左傾斜，於是右腳就自然而然地抬起來了。

另外，發現獵物的時候，有些狗狗會抬起一隻前腳後身體定住不動，例如波音達獵犬之類的犬種，就很明顯擁有這種特性。有些狗狗則不只針對獵物，只要牠們發現某個很感興趣的物體時，也會抬起單腳後身體定住不動。

其他還包括狗狗覺得不好下腳的時候，例如地面骯髒、溫度過高都可能讓狗狗想把腳抬起來不想踩下去。雖然這種情況並不只限於前腳，不過因為狗狗在持續向前走的時候一定是前腳會比後腳先踩到那樣的地面上，結果就形成前腳抬起來僵住不動的姿勢。

以上所說明的，都是狗狗抬起前腳且停在半空中不動的狀況，不過有時候狗狗抬起的前腳也會晃動，最常見的就是因為我們在訓練牠們「握手」，於是牠們就很認真地一直做出握手的動作。

還有些狗狗很喜歡伸出前腳做出好像貓拳一樣的動作，像我家的狗狗小鐵就是這種類型。當我們在家的時候，只要我一伸出手來，牠就會伸出前腳跟我擊掌。

下次如果看到有狗狗抬起前腳時，各位讀者不妨試著分析看看牠們是以上的哪種類型喔。

狗狗出現安定訊號時我們該怎麼辦？

如果狗狗從狗屋一出來時就甩動身體，那就不是安定訊號，而是剛起床的放鬆動作。搔抓身體也可能是因為溼疹或蚊蟲叮咬而引起，若是這種狀況，也不能說是安定訊號。

要判斷是否為安定訊號，必須特別注意行為發生前後的情境或環境的變化，並且也要觀察狗狗的平日狀態，確實知道該行為出現的頻率。

若狗狗在訓練過程中出現甩動身體行為的頻率明顯高出平日的狀態時，應該就可判斷為安定訊號了。

而狗狗若是在飼主下達某個指令時出現甩動身體或不停抓癢的行為，那也毫無疑問就是安定訊號。

那麼，當狗狗在訓練過程中出現安定訊號時，我們該如何應對呢？

狗狗之所以會出現安定訊號，不外乎是因為牠們感受到飼主帶來的壓力，或是不知道自己該怎麼辦而感到混亂的時候。在這種時候，建議可採取下列四種對應方式：第一，將原來的獎勵換成對狗狗更具價值的獎賞物；第二，降低訓練的難易度，不要要求狗狗做太困難的事；第三，稍微活動一下，也就是轉換氣氛；第四，則是先要求狗狗做出牠能做到的指令並給予獎勵，接著讓牠休息一下。

無論如何，絕對不可在同樣的狀況下對狗狗繼續進行訓練或下達指令，那只會讓牠們所承受的壓力越來越大，心裡也會更加感到混亂。

第4章

狗狗的行為

4-01 保持距離①

壓力 不安 警戒

假設你正在搭電車，因為電車上空位很多，所以你坐的這一排座位除了你之外沒有別人。接著電車抵達下一站且上來了一位乘客，但不知道為什麼他專挑了你旁邊的座位坐下，此時你的心理會有什麼感受？而你又會採取什麼樣的行動呢？

只要這位乘客是陌生人，應該會給你帶來很大的壓力吧，而想必你也會移動到其他的座位上。

這種兩個人之間會感受到壓力的距離，稱之為個人距離（personal distance），內側則稱為個人領域（personal area）或壓力區（stress zone）。這種距離不只存在於人類，動物間也有這種個體距離，當有其他的個體踏入這個空間時，動物通常會採取兩種行為來保衛自己的空間，一個是自己移動到其他位置讓空間保持淨空，另一個則是將其他個體驅逐出這個空間外。

當然，是否會感受到壓力也會根據對象或狀況的不同而有所變化。例如前面所說的情況，如果坐在你隔壁的是你的好朋友，應該就不會感受到任何壓力了吧，又或者當時是人潮擁擠、幾乎沒有空位的尖峰時段，那麼所感受到的壓力應該也不會太大。

狗狗也是一樣。以筆者所飼養的兩隻狗狗為例，大福比較早來到我家，小鐵則是後來才飼養的。當小鐵想找大福玩的時候，就會想要靠到大福的身邊。當兩隻狗狗彼此熟悉之後，有時大福玩得高興，也會允許小鐵把身體整個貼上來。想當初小鐵剛來我家時，大福根本完全不准小鐵靠近牠，因為牠並不想讓對方踏入自己個體空間。

大福和小鐵之間所保持的距離，隨著共同生活的時間越久，距離就縮得越來越短，而小鐵看起來也越來越能夠掌握到這樣的距離感。如今看來，兩隻狗狗應該都已經學會根據當下情況，保持好不會給彼此造成壓力的距離。

4-02 保持距離②

壓力 不安 警戒

這次筆者要說的，是家裡那隻2006年就上天堂的狗狗小噗的故事。

小噗大約是在一個月大的時候，和其他兩隻小狗狗一起被送到動物醫院收容，並在兩個月大時被我認養回家。狗狗從牙齒開始生長的離乳期（約3週齡左右）起一直到7～8週齡為止的這段時期，被稱為**初期社會化期**，會透過與同胎兄弟姊妹間的互動，學習到與其他狗狗的基礎溝通技巧。

在這重要的時期，小噗的雙親不但不在身邊，而且另外兩隻狗狗中有一隻也很早就死亡，這種環境所造成的影響，就是小噗根本沒有學到狗與狗之間的基礎溝通技巧。

明明不討厭其他的狗狗，可是卻不知道該怎麼和牠們接觸……雖然有的狗狗會想要跟牠玩，但也有狗狗會對著小噗兇，而就在某次我沒有注意到的情況下，小噗被一隻德國狼犬攻擊了。自那次之後，原本從來沒有表現出攻擊性的小噗，變得會主動對其他狗狗採取攻擊性的態度。

雖然小噗的個性如此，但牠在進到狗狗遊戲區這種寬闊的場所時，依舊很懂得如何與其他狗狗保持距離。若有其他狗狗靠近，牠就會離開原地，和對方保持一定的距離，而這種一定的距離，可說是小噗自己的個人領域，若有其他個體踏入，牠就會自己移動到其他位置，讓牠的個人領域內保持淨空沒有其他狗狗的存在。

在動物行為學中，**逃走距離**和**爭鬥距離**（臨界距離）是這樣定義的，以個體為中心，假設有不熟識的對象靠近，當對方靠近到某個距離時個體就會逃走，則這個距離即為逃走距離。若對方跨入逃走距離更加靠近個體，使得個體想要與對方戰鬥時，則這個距離稱為爭鬥距離。而所謂的個人領域，與逃走距離可說是同樣的意思。

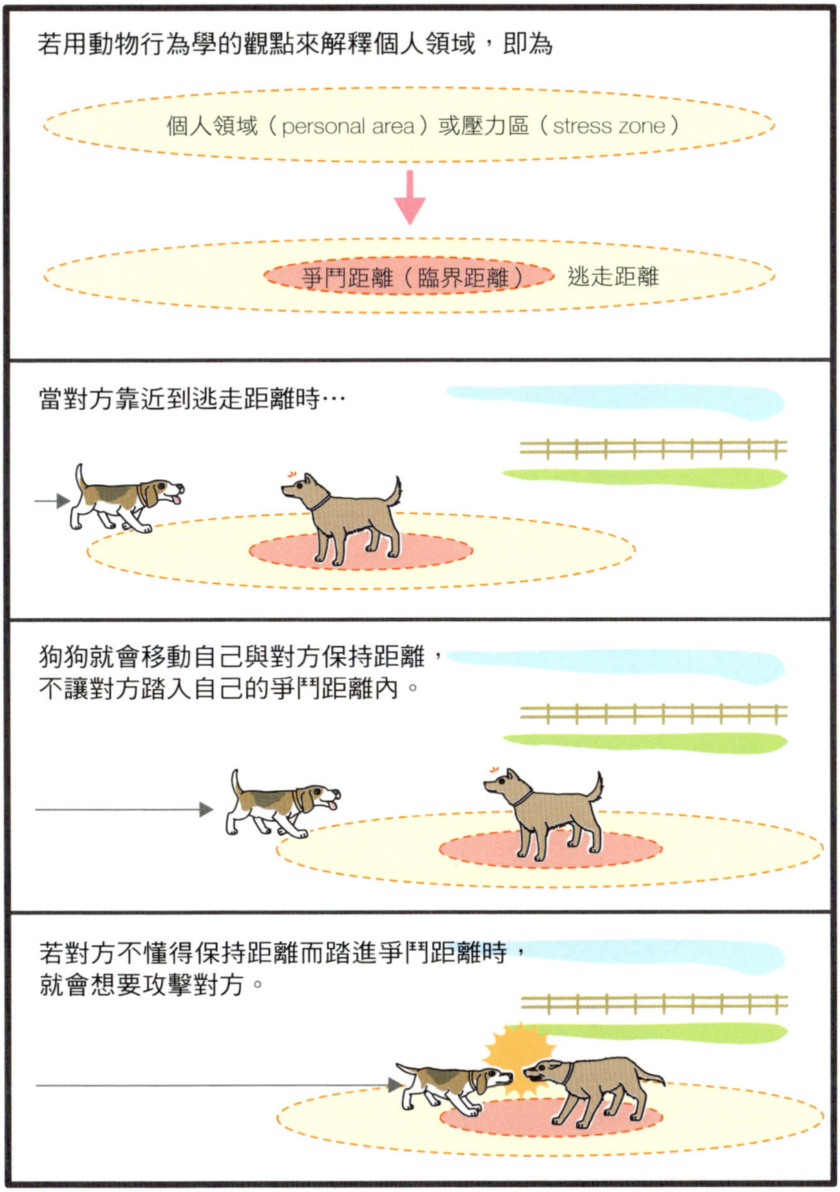

4-03

安定訊號

停住不動

雖然小噗在其他狗狗踏入自己的個人領域時會移動以保持距離，不過有的狗狗溝通能力很強，或者說很善於運用安定訊號，能夠有效地減輕小噗的壓力感，因此可以靠近到小噗身邊，順利地和小噗打招呼。

不過有少數的狗狗就不是這樣，就算小噗與牠們保持距離，牠們也完全不予理會，而是冒冒失失地縮短距離靠向小噗，面對這種狗狗，小噗會突然變臉對著牠們狂吠。

有一次我帶著小噗來到平常會去的狗狗遊戲區，當放開小噗的牽繩讓牠自由活動之後，有一隻米格魯小獵犬也進到遊戲區裡來了。平常我為了讓小噗能夠和其他狗狗保持應有的距離，都會盡可能地把小噗帶到遠離入口的位置，相距應該有80公尺之遠，不過那隻米格魯被飼主在遊戲區入口附近放開牽繩後，居然往小噗這裡猛衝過來。

看到這種情況，我心裡想著「啊，糟糕，這樣小噗沒辦法和牠隔開距離，說不定會攻擊牠……」，而小噗也很在意那隻狗的動向，身體擺出向前挺的姿勢並開始緊繃起來，完全進入了備戰狀態。

然而，想像中的兩狗衝突並沒有發生，因為那隻米格魯在衝到小噗面前10公尺左右時，突然就緊急煞車停住了。這種定格、停住不動的行為，也是一種安定訊號。

「停住不動」的行為與全身僵硬不一樣，僵硬是一種生理性的反應，而停止動作則是有意識表現出來的行為。這個時候的「停住不動」，狗狗的尾巴不會垂下來，仔細一看還會小幅度地搖動。

也就是說，因為這隻米格魯在小噗個人領域的臨界點上漂亮地做出了安定訊號，所以牠們兩隻狗狗才能相安無事。

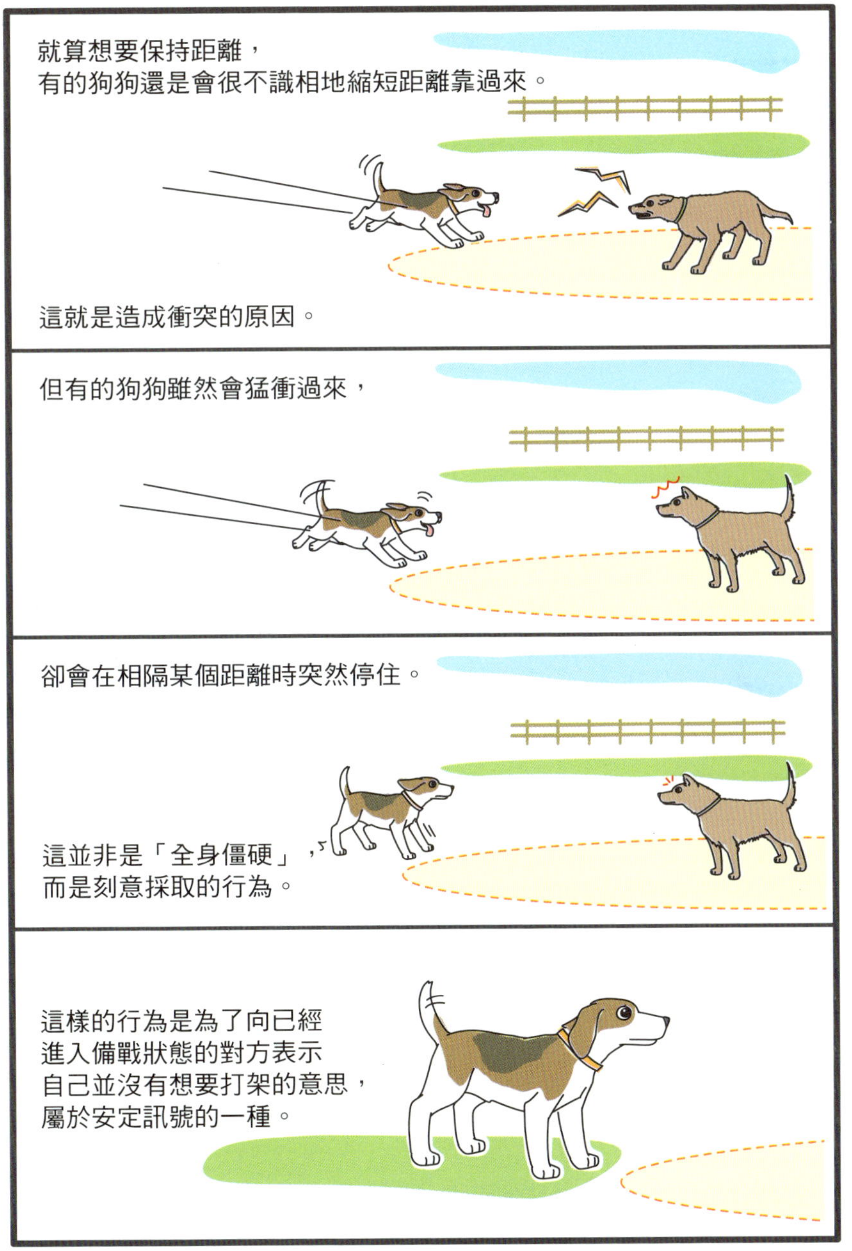

4-04

嗅聞地面

壓力

安定訊號

還是小噗與米格魯之間的故事。

那隻米格魯從發現小噗之後，就直線前進地往小噗這裡靠過來，這表示牠對小噗很感興趣。狗狗這種動物，為了降低與對方起衝突的風險，會想要事先了解對方與自己的力量高下。由於這個原因，牠們會想要確認對方是誰、個性如何，以及是否應該對對方處處讓步。

於是，這隻米格魯接下來採取的行動，是開始低頭嗅聞地面的味道，並且是從自己停下來的位置開始嗅聞周遭的地面。「嗅聞地面」也被歸類為安定訊號的一種，米格魯嗅聞地面的行為，以我們的話來說，其實就是表示「我沒有一直注意你喔，你沒看到我一直在忙著聞東聞西嗎？」然後牠就一邊慢慢地聞著地面的味道，一邊靠向小噗的身邊。

狗狗的個人領域是會隨著情況而改變的。由於米格魯的靠近，小噗的個人領域變得越來越小，當米格魯靠近到和小噗相距約5公尺左右時，小噗居然也開始嗅聞地面了，於是兩隻狗狗就這樣一邊聞著地面，一邊靠得越來越近。

接下來沒多久，兩隻狗狗又互相嗅聞了對方臀部的味道，這個時候米格魯大概已經知道小噗是怎樣的狗狗了吧，於是牠就迅速地離開了。筆者見過不少陌生狗狗們彼此第一次接觸的場面，這隻米格魯使用安定訊號的方法，真的可以說是箇中翹楚。

那麼，你家裡的狗狗又是如何呢？牠是否曾經在訓練過程中突然開始嗅聞四處地面呢？若答案是肯定的，那就表示狗狗正在對你發出安定訊號。這個時候請千萬不要硬是要拉扯牽繩把狗狗拉離開地上！

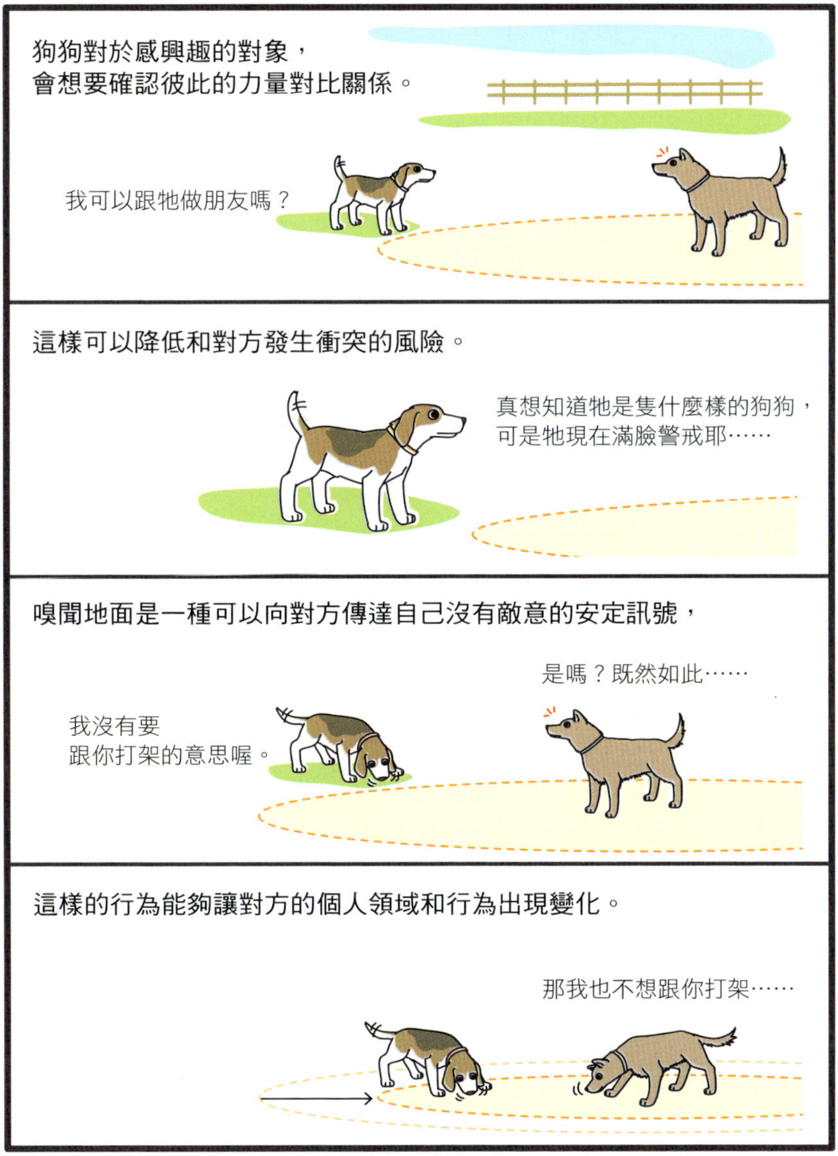

4-05 沿著弧形軌跡靠近對方

安定訊號

雖然米格魯和小噗第一次接觸的流程，是米格魯衝刺過來又緊急煞車停住，接著再嗅聞地面彼此靠近，不過一般情況下，狗狗們其實會在不知不覺中彼此靠近。

狗狗間最常見的接近方式，並非直線式的互相靠近，而是彼此沿著弧形（或者也可以想像成弓形）軌跡靠近對方，而這種行為也是安定訊號的一種。

沿著弧形軌跡行走並靠近對方，能夠清楚地向對方表示自己並沒有敵意，同樣地，也可以讓對方不要太過於專注在自己身上。

那麼，為什麼狗狗沿著弧形（或弓形）軌跡靠近對方的這種行為，能夠引發這樣的效果呢？

萬一狗狗們打起架來，牠們最怕被對手咬到的重要部位就是脖子和腹部。脖子有頸動脈，一旦被咬斷的話幾乎就會立即死亡。而雖然腹部被對手的犬齒咬住時並不會立即造成死亡，但卻可能造成腹膜炎等致命的傷害。因此這兩處是狗狗最想要保護的重要部位。

若是筆直地朝著對方前進，對方的視野將只能看見自己的臉部、頭部、胸口和前腳，而那兩處想要保護的重要部位就不會暴露在對方的視線下。

相反地若是沿著弧形軌跡靠近對方，就等於是一邊冒著危險把脖子和腹部這兩個不想被傷害的要害暴露出來，一邊靠近對方。由於這樣的行為能夠向對方傳達說「你看，我連要害都露給你看了」、「你應該看得出來我並不想攻擊你吧」，因此可被歸類為安定訊號的一種。

狗狗們的第一次接觸，
通常彼此會沿著弧形軌跡靠近對方。

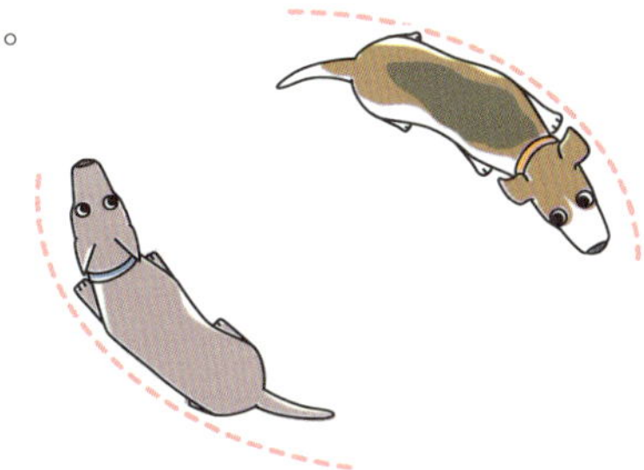

狗狗們萬一打起架來，
牠們最怕被對手咬到的重要部位
就是脖子和腹部。

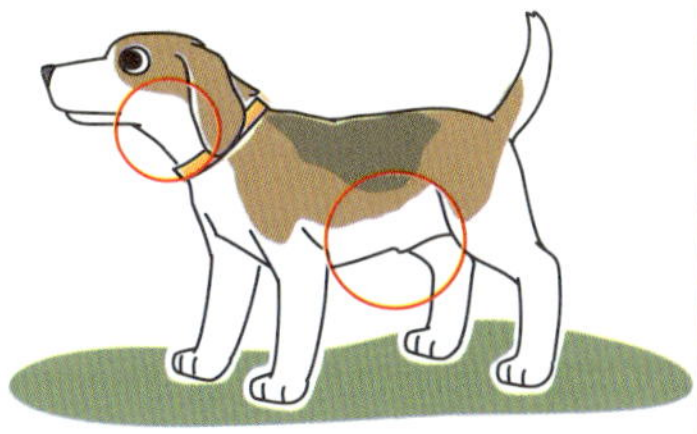

若筆直地朝著對方前進，
想要保護的重要部位就不會暴露給對方看到。

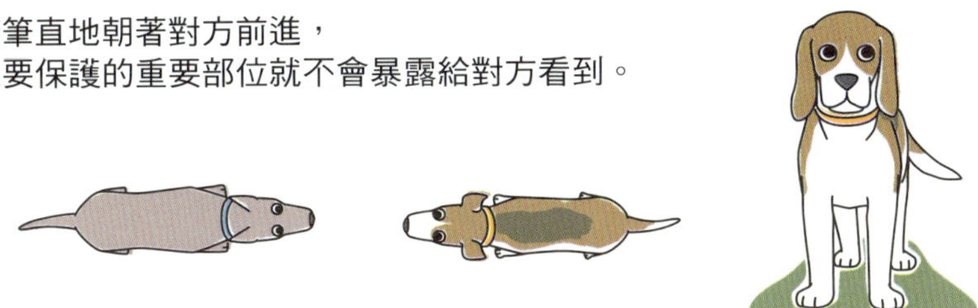

將身體的重要部位一邊暴露給對方看，一邊靠近對方，

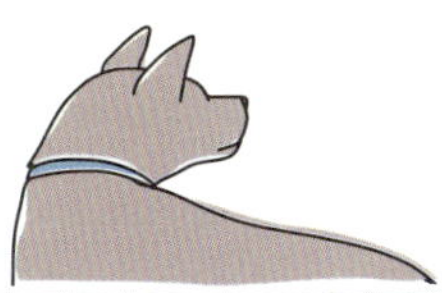

是一種可以向對方傳達
自己沒有敵意的安定訊號。

狗語之外

人類也可以使用的狗狗語言

狗狗的安定訊號中，有些是我們人類做給狗狗看時，狗狗也能夠理解的動作。例如移開視線、撇頭、轉身背對、沿著弧形軌跡靠近、放慢動作等，這些動作大家都可以使用。當我們對著狗狗做出這些行為時，能夠向狗狗傳達出「我們並沒有一直在注意你，所以不用那麼緊張喔」的意思，對於第一次碰面或是想要親近的狗狗，都可以試著應用看看。

有些和安定訊號完全相反的行為，對狗狗而言則代表著挑戰的態度。例如與之前所提的移開視線等安定訊號完全相反的行為皆是如此。若我們直視著狗狗雙眼、正面看著牠且快速或筆直地接近牠時，會發生什麼事呢？筆者就曾經目擊到有人對著狗狗一邊大喊「啊～好可愛喔！」一邊做出上述的行為，結果就被狗狗咬傷臉部的現場。

坐下、眨眼、打哈欠、舔嘴唇等，也是我們可以使用的狗狗語言。當我們面對含有些許戒心的狗狗時，可以選擇稍微有點距離的位置，斜對著狗狗坐下，然後對狗狗做出眨眼、打哈欠等動作，持續一段時間後，狗狗應該就會為了嗅聞我們身上的味道而靠近。

至於嗅聞地面的行為，雖然我們人類要做出這個動作也不是做不到，不過其實可以坐下來用手摩挲地面等動作來代替。

除了安定訊號之外，我們所做的某些動作或態度對狗狗也是有意義的。譬如有些人會建議「責罵狗狗的時候要看著牠的眼睛」，但如果你不想讓自己與狗狗之間的關係變差的話，就不應該這樣做。因為這樣的行為只會讓狗狗覺得「飼主怎麼那麼恐怖，感覺好討厭喔」，卻完全無法讓狗狗知道牠哪裡做錯了，以及什麼樣的行為才是飼主想要的。而且視狗狗的個性而定，有的狗狗對於人類這種挑戰的態度，會選擇接受挑戰並加以迎戰。

低沉的威嚇聲對狗狗也是有意義的，但若是飼主對狗狗發出這種聲音，不過是讓牠們覺得「飼主幹麼威脅我，感覺真不舒服」，卻無法讓狗狗知道自己哪裡做錯了或是應該怎麼做才對，頂多只能把狗狗目前正在做的行為停下來而已。

別忘了，若無法讓狗狗確實了解自己的意思，有時還會有遭受到狗狗攻擊的風險。

總而言之，當我們想要對著狗狗使用狗狗語言時，使用的應該是能夠減輕狗狗壓力的安定訊號，相反地，會展現出威嚇或挑戰態度的狗狗語言則應極力避免使用，這些都是想要和狗狗建立良好關係時必須注意的重點。

狗狗的安定訊號中，
有些動作我們做給狗狗看時狗狗也會理解。

若對狗狗做出和安定訊號完全相反的動作，
狗狗會認為那是在威脅牠或是向牠挑戰。

4-06

不安 其他 確認

嗅聞臀部的味道

狗狗的肛門腺位於肛門旁邊，每一隻狗狗肛門腺分泌物的味道都不一樣，據說藉由味道可以得知每隻狗狗的力量強弱或性格等個體資料。狗狗之間之所以會互相嗅聞對方臀部的味道，就是因為可以藉由味道互相確認對方的身份以及牠是隻什麼樣的狗狗。

若兩隻狗狗彼此都很懂得溝通技巧時，牠們會在互聞對方臀部的味道之後，其中一方會讓對方嗅聞自己身體從腹部到嘴巴一帶的味道。

以筆者所看過的情況來說，通常會讓對方嗅聞自己味道的狗狗，在肉體和精神上都比較成熟，大部分都是力量比較強勢的狗狗。牠們在讓對方嗅聞的時候，會一直高舉著尾巴，不過相反地，有時也會有力量比較弱的狗狗會讓對方嗅聞自己的味道。

強勢的狗狗在讓對方嗅聞自己的時候，頭會抬高、耳朵豎起、尾巴則會豎直且小幅度地不停搖動。而嗅聞的狗狗，會以嗅聞對方嘴巴附近的味道做結束，有時還會舔舔對方的嘴巴。另一方面，力量較弱的狗狗在讓對方嗅聞自己味道的時候，則看起來會全身僵硬、尾巴下垂、耳朵向後伏貼。

不論是哪種狀況，狗狗在透過這種行為確認對方是什麼樣的狗狗之後，就會決定是要「好！來跟牠玩吧！」，還是「感覺是個無趣的傢伙，我要走了。」

例如前面文章提到的米格魯，牠在嗅聞完我家小噗的味道之後馬上就很乾脆地離開了，八成是因為牠覺得小噗「這傢伙看起來又弱又無趣，一點也不好玩」吧。

不過這裡所介紹的，是社會化狗狗的標準打招呼方式，也有不少狗狗是沒辦法像這樣打招呼的。牠們會因為感到害怕而把尾巴向下捲藏在肚子下，不讓其他狗狗去聞牠們臀部的味道。有些狗狗則是根本完全不讓對方靠近。遇到這種狗狗時，請不要逼迫牠們彼此一定要打招呼，因為很可能因此而產生衝突。

4-07

緩慢移動

不安　放鬆　安定訊號　其他

當我們看到有物體突然動起來，或是本來在移動的東西突然加速時，都會被它們嚇一跳，狗狗和大多數動物也是一樣，遇到這種狀況時，都會感到很緊張。

會感到緊張的原因，是因為害怕那個物體說不定會傷害到自己，而且因為對方移動的速度很快，自己說不定會來不及逃開，讓對方一下子就跑進自己的爭鬥距離內。若再伴隨巨大的聲響，緊張感會變得更強烈。

大多數的狗狗們，除非從小就經常接觸，否則看到遙控汽車、滑板，還有小孩子們都會感到很害怕。因為他們都會發出巨大的聲音，而且還會快速地移動。

即使是小時候身邊就有的東西，像是吸塵器之類的物品動作捉摸不定，而且還會發出巨大聲音的物體，有些狗狗還是會害怕一輩子。

其實有不少行為，因為和會使對方感到緊張的行為完全相反，所以被歸類為安定訊號。例如無法逃避對方的視線時會感到強烈的緊張，因此避開對方的視線就是一種安定訊號。或是和對方面對面時會感到非常緊張，於是背對著對方就成為一種安定訊號。對方筆直地靠近自己會讓自己非常緊張，於是就演變出沿著弧形軌跡靠近對方的安定訊號。

緩慢移動也是一樣，發出巨大的聲響加上快速地移動會造成強烈的緊張感，所以相對緩慢地移動就成為安定訊號的一種。

另外，當我們想緩解狗狗的緊張時，深呼吸也是一種不錯的方法。由於深呼吸的相反動作是暫停呼吸，而對方暫停呼吸對狗狗而言有可能表示正準備攻擊牠，因此狗狗會感到非常緊張。

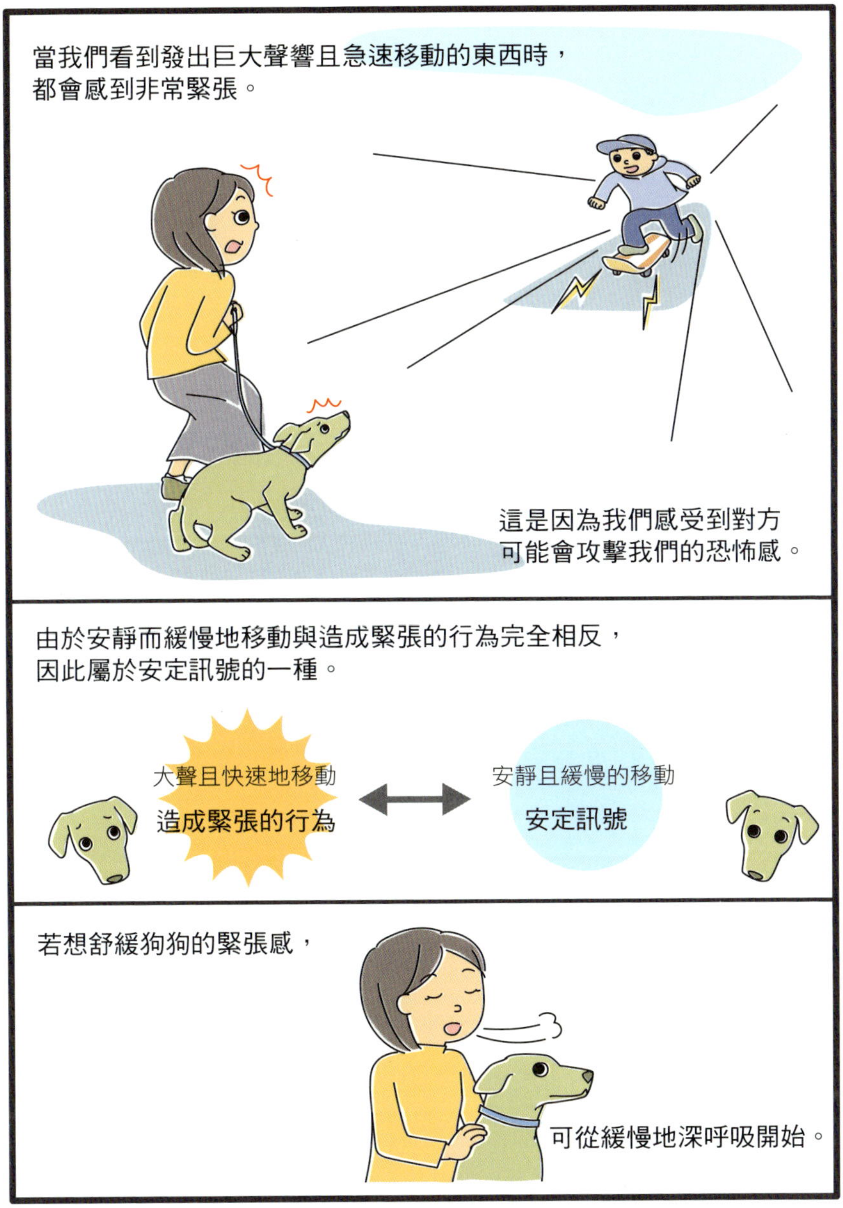

4-08

坐下、趴下

壓力 安定訊號 不安 放鬆

狗狗坐下和趴下的動作，在某些情況下也是安定訊號的一種。

當狗狗想要攻擊對方時，四腳站立的姿勢會比較有利於發動攻擊，而從戰略的角度來看，坐下或趴下的姿勢比起四腳站立要多出太多不必要的動作，因此當狗狗坐下或趴下時，也可以有效地向對方傳達「我並沒有打算要攻擊你」的意思。

還有另一種看法認為，比起四腳站立，坐下或趴下算是很難逃跑的姿勢，因此是狗狗在刻意地向對方示弱，所以也有表現出安定訊號的意思。以此類推，當狗狗採取不容易逃跑的姿勢時，都可以算是在表現安定訊號。

筆者就觀察過好幾次這種狀況，三、四隻狗狗在沒有繫牽繩的情況下彼此興奮地互相追逐玩耍，當大家玩得越來越興奮的時候，經常會有一隻狗狗突然趴下，於是遊戲就會中斷，接著狗狗們可能會稍稍休息後繼續玩耍，或者是就這樣直接結束。而這種趴下的行為，就是狗狗在向大家表示「大家要不要稍微冷靜一下」的意思。

這種情形也很常出現在與狗狗第一次見面的時候，尤其是一群狗狗正在玩耍時，突然來了一隻陌生狗狗的時候。我家的小鐵就常常如此，當有陌生狗狗出現時，因為會讓現場的氣氛突然為之一變，所以狗狗會因此而感到混亂，而坐下則能夠讓自己從混亂狀態中冷靜下來。

狗狗在訓練過程中，有時也會出現屬於安定訊號的坐下或趴下姿勢，坐下時通常還會背對著飼主，一旦狗狗出現這種行為，就表示當時的訓練已經造成狗狗過大的壓力了。

4-09

翻肚子

不安　安定訊號　恐懼　放鬆

狗狗被飼主責罵的時候，有時會做出翻肚子的姿勢，雖然大部分的書籍都說這是「服從的姿勢」，但這一點必須請大家不要誤解。

雖然在行為學中，這種姿勢的確是定義為「服從的姿勢」，但這個服從與我們一般所認知的服從並不相同。

學術上使用到的定義字眼，與日常生活中使用到的詞彙，有時看起來一樣，但實質意義卻不同。例如「功」，一般來說有事業、工作、工夫的意思，但在力學的世界裡，功又有著「物體受到外力的作用而移動時，施加的力量與物體沿施力方向所移動距離的乘積」的定義。

「服從」也是如此，一般來說，大家對「服從」的印象是「不論自己的意願如何，都會遵從對方的要求」，不過就算狗狗露肚子給你看，也不代表以後牠就會無條件服從你。

狗狗翻肚子到底是什麼意思呢？之前有提過，當狗狗把本來想要保護的身體部位暴露出來時，是在向對方表示自己並沒有敵意，所以請對方也不要攻擊自己。從這個角度來看，「翻肚子」也可說是安定訊號的一種。

再加上飼主看到狗狗翻肚子時，通常還會誤會說「牠已經知道反省了」而平息怒氣。從結果而論，能夠讓討厭的事消失的行為，出現的頻率會越來越高，因此狗狗會觀察飼主的動向，當牠們感覺到飼主好像要對自己做什麼不好的事情時，就會馬上把肚子露出來。

很多飼主經常會抱怨說「牠明明都翻肚子服從我了，為什麼還是這麼不聽話呢？」，而從飼主敘述的前因後果來看，其實這裡的「翻肚子」，根本是狗狗在要求飼主「快點摸我的肚肚！」，這個時候飼主是不是都會回應狗狗的要求呢？所以說服從要求的，到底是狗狗，還是飼主呢？

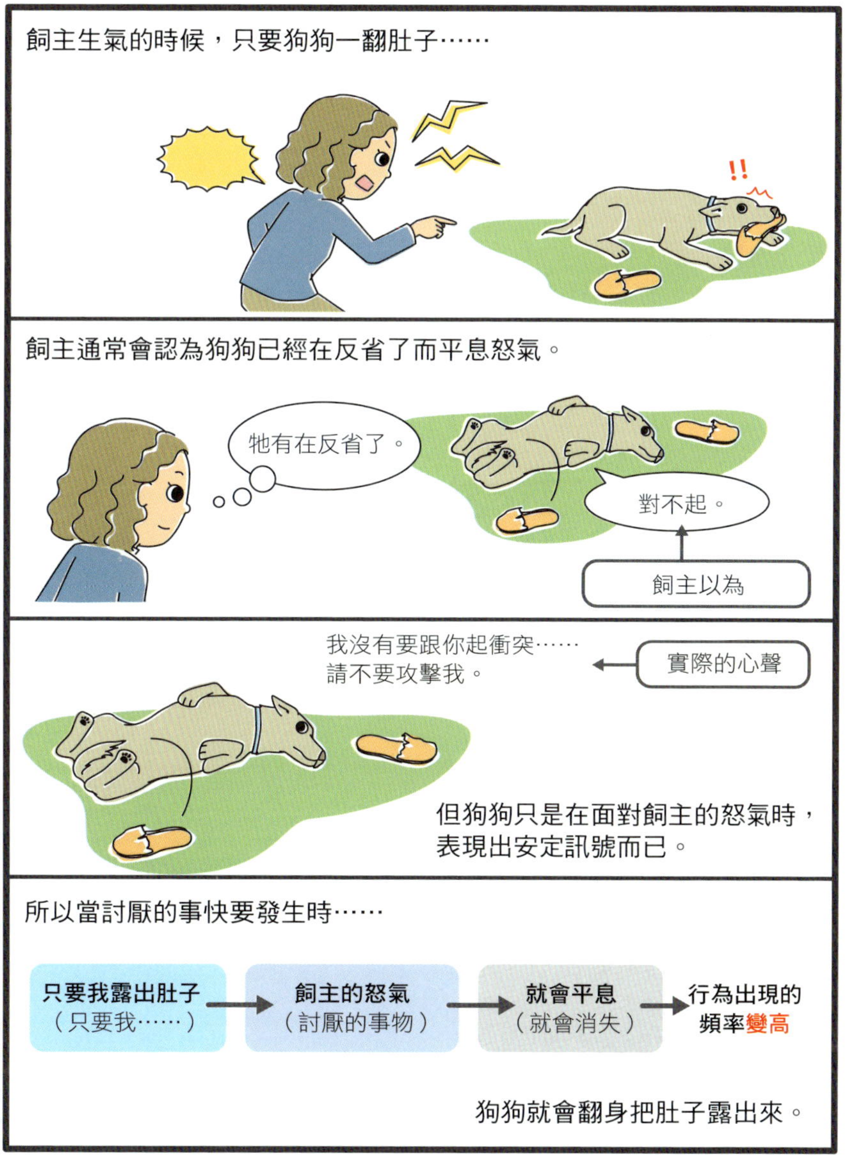

4-10

刨抓地面

壓力
開心、高興
其他

關於狗狗為什麼會刨抓地面，有的人會立刻回答說「很久以前，狗狗會把獵物藏在挖出來的洞穴裡，之後再找一個時機把它挖出來，這是當時遺傳下來的習性」，不過我對這種說法感到存疑。的確，對於生存有利的適應性行為會遺傳下來這種想法並沒有錯，不過狗狗是嗅覺如此優秀的動物，藏起來的獵物很容易就會被其他的狗狗發現並搶走，因此這絕對不是一種適應性的行為。

最有可能的理由，應該是狗狗為了挖出一個睡窩。飼養在屋外的狗狗，夏天時會挖掘地面直到挖到較為涼爽的地方，然後在那裡休息。相反地在極為寒冷的地區，則會挖出一個雪洞後再全身捲成一團窩在洞裡。

飼養在室內的狗狗，若是飼主有幫牠準備毛巾之類的物品時，狗狗就會用前腳將毛巾整理出一個感覺比較舒服的形狀後再睡在上面。雖然床墊或睡墊之類的睡覺場所再怎麼挖也不會改變形狀，但狗狗還是會做出類似的行為。

狗狗還有一種遺傳的習性，就是會想要把地面裡的某樣東西挖出來。之前曾有貓咪把抓來的老鼠埋 在院子裡，結果我家的大福居然把它挖出來。我太太之前還會把過期的牛奶拿去澆花，結果大福就跑去挖掘澆過牛奶的花圃，之後我只好拜託我太太不要再把牛奶倒在庭院裡。

我也看過狗狗刨抓運輸籠（或外出提籠）門邊的案例，應該是因為狗狗想要逃出籠子，所以想嘗試挖出一個地道。

有些狗狗則會刨抓榻榻米，這應該是因為狗狗以前曾經刨抓過後，發現了其中的樂趣，所以越來越愛刨抓榻榻米。

這種類型的狗狗幾乎都是因為太過無聊，為了打發時間和消除壓力才會做出這種行為。飼主除了可以限制狗狗不要去鋪有榻榻米的房間之外，應該還要增加狗狗的運動量，多讓狗狗做一些可以消除壓力的事情。

還有飼主會抱怨狗狗挖掘花圃的問題，解決的方法除了可以在花圃外面圍上一圈柵欄之外，也可以提供狗狗一塊可以隨意挖掘的場所，讓牠們能夠打發時間和釋放壓力。利用這些方式，狗狗刨抓地面的問題應該就可以漸漸獲得解決。

睡著時身體抽動

飼主經常會問我說「狗狗是不是也會做夢啊？」，我的答案是：是的，沒錯。

睡眠時主要分成兩個週期，分別是快速動眼期（Rapid Eye Movement，簡稱REM）和非快速動眼期（Non-Rapid Eye Movement，簡稱NREM），兩個週期會反覆進行。在快速動眼期時，眼球會快速的移動，睡眠屬於淺眠狀態；而在非快速動眼期則為深度睡眠，眼球也不會移動。

快速動眼期是最容易做夢的時候，這個時期身體會不停抽動，若是去觀察在電車上睡著的乘客，有時就會看到這種現象。筆者以前還在唸書的時候，發生過無數次這種上課中不小心睡著，然後被自己身體的抽動驚醒的經驗。

狗狗也是一樣。你是否有看過自家狗狗睡著後身體不停抽動呢？如果有的話，那就是狗狗正在做夢的時候。

睡著時的身體抽動，有時會和夢中的內容有關係，有的狗狗睡著後的身體抽動還會轉成實際的動作，例如網路上可以看到某個飼主上傳的影片中，原本橫躺著熟睡的狗狗，身體抽動的方式就像在跑步一樣，然後牠突然爬起來用同樣的跑步動作衝去撞牆。（有興趣的讀者可搜尋sleeping-dog-runs-into-wall觀看）

快速動眼期和非快速動眼期兩者會交替進行，在人類的睡眠中，會以90分鐘為週期，一個晚上的睡眠過程中大約有4～5次的快速動眼期。而在狗狗方面，有一說法是以20分鐘為週期，不過由於狗狗一天的睡眠時間大約是人類的兩倍，每天大約睡14小時，因此單純計算下來應該會有42次的快速動眼期。

既然狗狗在一天之內有這麼多次的快速動眼期，想必牠們一定比我們多做了好多夢吧。

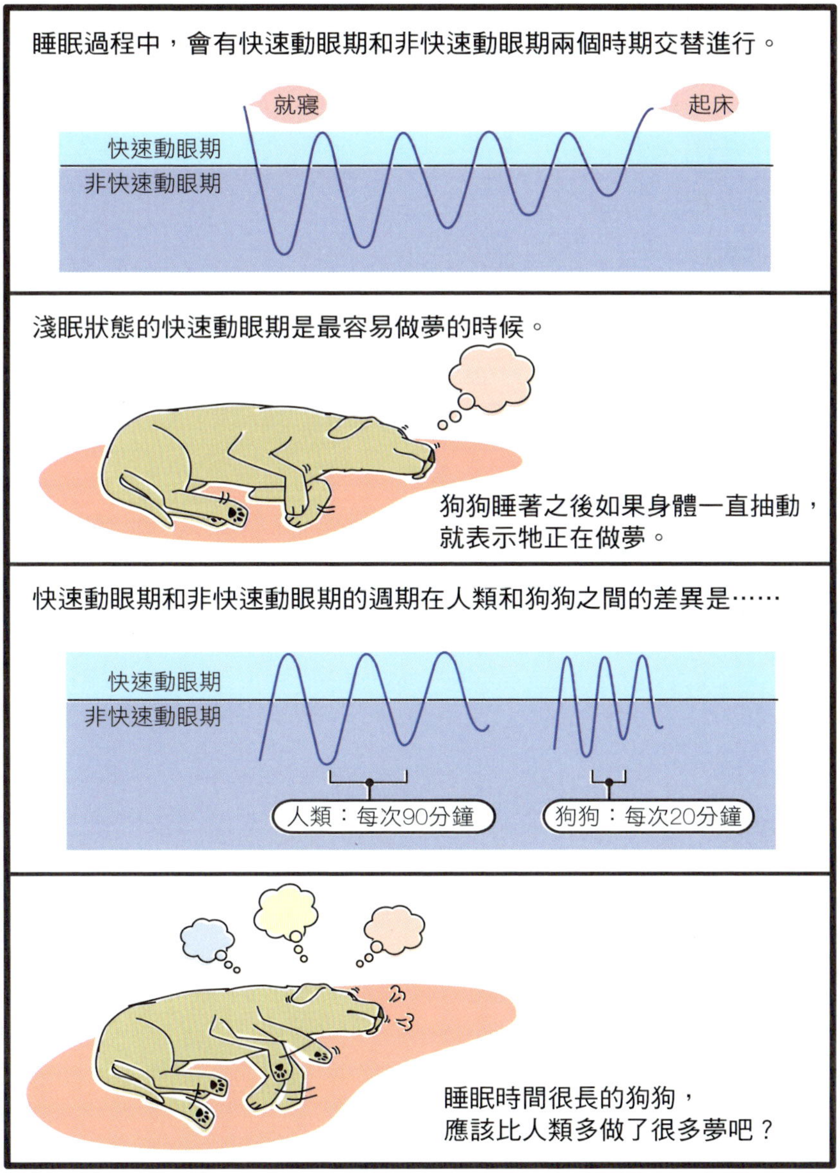

4-12

舔飼主的臉

開心、高興　要求　不安　其他

狗狗之所以會去舔飼主的臉，據說是因為狗狗的祖先們在離乳期時，會去舔狗媽媽的嘴巴以便得到離乳食，之後便將這種習性遺傳了下來。

離乳食是狗媽媽把食物吃到胃裡並經過半消化之後，再把它吐出來餵給幼犬。當狗媽媽捕捉到獵物後，會先把獵物吃進胃裡，接著再回到巢穴中。回到巢穴後狗媽媽並不會馬上把食物吐出來，因為這樣會弄髒巢穴並在巢穴中留下味道，有可能因此將巢穴所在位置暴露給獵捕者知道。

因此回到巢穴的媽媽，會先把幼犬們帶離巢穴，此時幼犬們會去舔狗媽媽的嘴邊，而這種舔舐嘴邊的行為，可以刺激狗媽媽做出把消化到一半的食物吐出來餵給幼犬吃的「反芻行為」。

由於這種遺傳下來的習性，所以小狗狗們也會去舔人類的嘴巴。而人類雖然不會吐出任何食物，但因為舔到嘴巴附近時，有時候會嚐到食物的香味，有時候人類會大聲稱讚自己「好可愛喔」，因此狗狗學習到只要一舔飼主的臉，就會有好事發生，於是這種行為發生的頻率越來越高，漸漸演變成習慣動作。

有時候狗狗也會為了讓討厭的情況消失而去舔對方的嘴巴，這應該是從幼犬舔狗媽媽的嘴巴這種行為所演變而來，能達到向對方示弱的效果。

若對方同樣也是狗狗時，就是在向對方表示「你看我這麼弱小，不可能會想要跟你挑戰的，所以你也不要攻擊我喔！」這種行為經常會出現在力量弱小的狗狗身上，和安定訊號類似。

有時候狗狗和對方突然發生衝突之後也會出現這種行為，目的是為了讓對方的情緒穩定下來。

另外，當狗狗發現飼主的神情和平常不太一樣，或是不小心咬了飼主之後也會出現這種行為，這應該都是為了減輕自己的壓力或消除心理上的不安。

過去狗媽媽為了餵離乳期的幼犬，
會把自己吃下去並經過半消化的食物吐出來給幼犬吃。

這個時候，幼犬去舔狗媽媽嘴邊的行為，
可以刺激狗媽媽做出把食物吐出來的「反芻行為」。

小狗狗會去舔人類的嘴巴，

是從舔狗媽媽嘴巴可以得到離乳食
這種行為所遺留下來的習性。

因為飼主經常會在狗狗舔自己嘴巴時大聲稱讚「好可愛喔」，

只要舔了飼主的嘴巴
↓
好事
↓
就會發生
↓
行為的頻率
變高

於是舔嘴巴行為的發生頻率越來越高，
變成習慣動作。

4-13 尿尿

壓力　安定訊號　興奮　恐懼　其他

說到狗狗尿尿的理由，一般會想到膀胱中積滿尿液、標記行為、恐懼造成的尿失禁、興奮時的漏尿、膀胱炎等原因，不過還有一項跟前面不同的原因，那就是安定訊號。

例如遇到別的狗狗一直對自己纏著不放的情況時，狗狗就會開始尿尿，這是在向對方表示「我要急著去尿尿沒空理你了，所以你不要一直黏在我旁邊啦！」

像筆者所飼養的狗狗小鐵就經常會出現下面那種情況。

筆者平常都會把車子停在我開設的狗狗行為學校大門正面的停車場，每天課程結束的時候，就會叫小鐵上車準備回家，這個時候小鐵一定會跑去學校裡的狗狗專用廁所，然後撒一泡尿。

其實小鐵並不是那麼喜歡搭車，可是牠又知道只要進了車上的運輸籠裡就會有零食可吃，雖然不喜歡這種狀況，可是偏偏又會有好事發生，我推測小鐵可能因此感到困惑，於是才跑去尿尿，好讓自己的困惑感平靜下來。

之前說過，安定訊號中有大部分是和壓力反應相似的，那麼尿尿是什麼樣的情況呢？

除了前面提到的幾個原因之外，我們什麼時候也會很想尿尿呢？答案就是緊張的時候。相信大部分人都有這種經驗，一緊張就想尿尿，這是因為緊張的時候神經會變得比較敏感，因此膀胱中樞對於膀胱的微小變化也變得很敏感，這就是緊張時會有尿意襲來的機制。

考試前、馬上就要上台表演的時候，或是運動會賽跑鳴槍開始前的那一刻，這些情況都可說是極為緊張的壓力狀態。先天的壓力反應在經過後天的經驗學習後，有可能漸漸發展成安定訊號，前面所提到的例子，或許就是這種道理。

4-14

興奮　開心、高興　其他

用腳把土向後踢

有些狗狗在尿尿或便便完之後會用四隻腳把土向後踢，這個行為代表了什麼意義呢？

貓咪為了把自己的糞便藏起來，會在上面蓋上砂土，不過因為牠們只會用前腳做出這個動作，所以可以把排泄物確實的掩埋起來。

而從狗狗踢土的動作來看，牠們並不會把砂土蓋在尿尿過的地方，便便之後也完全沒有把糞便藏起來，由此可知，牠們踢土的目的並不是為了把排泄物藏起來。

此外，並非每一隻狗狗都會做出這種向後踢土的行為，經過筆者觀察之後，發現以喜歡做出標記行為的公狗居多，由此推測，踢土行為應該與標記行為有關。

雖然只有狗狗才能告訴我們真相，不過我們應該可以假設狗狗用腳踢土是為了產生視覺上的標記效果。

視覺上的標記行為中，最有名的應該是貓咪或熊藉由磨爪所留下來的爪痕。狗狗的踢土行為和這種標記行為類似，當牠們用腳把土向後踢時，會在地面上留下明顯的爪痕，再加上狗狗的腳底肉墊有汗腺分布，所以還可以把自己的氣味留在地上。

留下爪痕的狗狗，為了誘導其他狗狗發現自己的糞便或尿液標記，所以才刻意做出踢土的行為。而發現踢土痕跡的狗狗，則想必會受到所留下標記的影響，引發出一連串「發現爪痕→透過氣味確認對方是誰→進一步確認附近是否有糞便或尿液」的行為流程。

貓咪會用前腳確實地將自己的排泄物隱藏起來。
有些狗狗在排泄完畢後，會用後腳把土向後踢，
不過牠們不是為了
藏起自己的排泄物，
根本完全沒有
埋起來嘛！
這樣就完成了！
爪痕？！
是誰？！
藉由留在地面上的爪痕，
達到視覺上的標記效果。

4-15

騎乘行為

興奮　確認　開心、高興　其他

朝著其他狗狗的臀部做出騎在背上的動作，稱之為騎乘行為。若是公犬騎在發情的母犬身上，且母犬接受這樣的行為後，則會發展成交配行為。

除了這種和性有關的行為之外，我們也經常會看到狗狗做出騎乘行為，一般人通常會把這種行為解釋成是一種強者為了彰顯自己的力量，於是對弱者做出的優位行為或支配行為，但我並不這樣認為。

不只是騎乘行為，我認為狗狗之間彼此的力量關係是強是弱，並非由強者決定，而是由弱者來決定的。若力量關係已很明確，弱者的那方會退讓，這樣才能避免雙方起衝突。

我家的大福就屬於強勢的類型，雖然牠看到什麼狗狗都會想要騎乘上去，不過要不要接受牠的騎乘，則是要看被騎乘的那方來決定。若對方接受的話，大福和那隻狗狗就不會起任何衝突，因為對方會處處退讓。若是對方不接受的話，大福也不會粗枝大葉地表現出「我比較偉大」的行為。

我家的另一隻狗狗小鐵又是什麼情況呢？雖然小鐵屬於比較軟弱的類型，不過看過牠成長過程的影片之後，我發現了一件很有趣的事。那就是小鐵小時候只要遇到其他狗狗，一定會去騎乘在牠們的身上。

明明才四個月大，體重也只有5公斤，但不管對方是25公斤的德國狼犬，還是40公斤的混種犬，小鐵都會想要騎乘上去。然而，所有的狗狗全都拒絕讓牠騎乘，即使是比牠還要小型的狗狗也是。不久之後，小鐵就變得不會對任何狗狗出現騎乘行為了。

從小鐵的行為變化也可以看出，雖然騎乘行為是一種確認彼此力量關係的行為，但決定力量關係強弱的是被騎乘的那一方。

順帶一提，有些母犬從幼犬時期開始就會出現騎乘行為，推測這些狗狗應該是胎兒期時，受到母親體內的動情激素濃度較高影響的緣故。

4-16

其他

無法發現眼前的零食

不知道各位讀者有沒有這種經驗？明明零食就在眼前，狗狗卻找不到，或是在跟狗狗玩你丟我撿的遊戲時，狗狗卻找不到丟出去的球。這種現象是有好幾個原因的。

首先，東西明明在眼前狗狗卻找不到，原因和狗狗的視力有關。狗狗自古以來都是有著近視眼的動物，而遠處的物體似乎也無法看得很清楚。不只是如此，由於狗狗的眼睛無法對焦在距離眼球60公分以內的物體，因此可以正確對到焦距的範圍非常狹窄。

再加上狗狗也無法清楚辨識顏色，不像人類擁有三種視覺細胞，能明確辨識三種顏色，而狗狗只有兩種視覺細胞，只對兩種顏色反應強烈。

從顏色的波長來看，人類的三種視覺感光細胞對於波長420、534、564 nm（奈米）的顏色反應特別強烈，狗狗則只有429、555 nm兩種波長。420 nm和429 nm大致上為藍色，534 nm為綠色和黃色的中間色，555 nm 為偏綠的黃色，564 nm為稍微偏紅的黃色。

也就是說，人類的三種視覺感光細胞對於藍色、綠色與黃色的中間色、以及稍微偏紅的黃色反應最為強烈，透過這三種感光細胞作用後的組合才能夠辨別多種顏色。但狗狗則是由對於藍色和偏綠的黃色反應強烈的兩種感光細胞組合，因此所能辨別的顏色就比人類少很多。

一旦零食或玩具球掉在地上不動，狗狗就會無法區分它們和地板顏色的不同，於是就找不到它們了。

不過，儘管狗狗的視力差且色彩的辨別能力不佳，但這不會影響到狗狗的生存能力，因為牠們擁有比視力和色彩辨別能力更佳的動體視力，而且夜視能力也很強，這些都是人類無法與之相比的。這種視覺功能，是狗狗以捕獲獵物為優先所演化和適應後的結果。

攻擊性與非攻擊性的姿勢

狗狗就算露出肚子，也不代表就是服從，其實牠只是在表達出當下牠並沒有想要和對方起衝突的意思。

有很多詞彙，因為帶有強烈的意義，因此一旦使用後，很可能會讓人迷失了事情的本質，諸如「服從」、「支配性」、「優位性」等，就是這種強烈的詞彙。

過去說到狗狗的肢體語言或行為，很喜歡將其分類為「支配性（優位性）」和「服從」這種相互對立的兩面，不過這種分類方式很可能如同前面所說的讓人迷失事情的本質，因此我向來都建議大家應該儘量避免使用「支配」和「服從」這種詞彙，而改用「積極的（自己主動採取的行為）」和「消極的（不得已而為之的行為）」、「攻擊性（想要攻擊對方）」和「非攻擊性（不想攻擊對方）」這兩組對立的詞彙加以組合，來對狗狗的行為進行分類。

例如狗狗因為對方漸漸靠近自己所以做出仰躺露出肚子的行為時，就屬於「消極的非攻擊性姿勢」，相反地若狗狗以低姿態主動靠近對方並仰躺翻出肚子時，則屬於「積極的非攻擊性姿勢」。

同樣的例子，若狗狗出現嘴角（嘴巴兩側）掀起、耳朵豎立、露出犬齒且身體向前傾的姿勢時，就屬於「積極的攻擊性姿勢」，而若是嘴角向後拉、耳朵後縮貼平、身體後縮的姿勢，則屬於「消極的攻擊性姿勢」。

過去一直被分類為「支配」與「服從」兩相對立的肢體語言，或許未來也可能以我所提議的方式全部重新分類。

第5章
狗狗的問題行為

5-01

用身體去磨蹭地面

壓力 偽裝 其他

你家的狗狗，出去散步的時候會不會用身體去磨蹭地面呢？本來以為牠只是在聞地面的味道，結果狗狗突然開始用臉去磨蹭地面，接著是肩膀，然後整個身體翻過來用背部在地面磨來磨去。想說去確認一下磨蹭的地方有什麼東西，結果一看居然是乾癟的蚯蚓屍體。

河邊灘地或海岸地區經常會有被河水或海水打上來而死亡腐爛的魚屍體，那也是狗狗經常磨蹭的對象，有些被狗狗磨蹭的東西其味道之重，甚至連洗澡也洗不掉，會讓飼主非常苦惱。

那麼，狗狗為什麼要做出這種磨蹭地面的行為呢？

至目前為止有兩種說法，其中之一是狗狗為了偽裝成其他的氣味。因為獵物一旦察覺到附近有狗狗的氣味時很可能會逃走，所以才必須掩飾自己身上的味道。另外一個說法是為了通知同伴說「這附近有這個東西喔」。

不過通知同伴說這附近有乾癟的屍體或腐爛的魚屍又有什麼意義呢？若是通知同伴說有獵物或敵人的存在，還可認為是有利於生存的一種適應手段，但很明顯的這些東西並不是。因此「通知同伴有這些東西」的這種說法，我認為不太妥當。

另一個偽裝的說法，由於是一種適應性的行為，因此我認為可能性要高上許多。

有些狗狗還會在洗澡之後出現用身體去磨蹭地面的行為，這很可能是因為比起自己的體味，狗狗不太喜歡洗毛精的味道，所以才想要用其他的味道來蓋過它。

洗毛精的味道雖與自己的體味不同，但絕對無法達到偽裝效果，所以也是有這種原因的。

5-02

咬人攻擊

威嚇、警告　壓力　不安　恐懼　生氣

狗狗在某些機會中學習到牠可以咬人（這裡的學習指的是咬人行為的頻率變多）之後，發現咬人的結果會使得好事發生或討厭的事物消失，於是狗狗就會變得越來越常出現咬人行為。

從被咬的人所敘述的情況就可以得知，以家犬來說，幾乎100%是發生在人類自己對狗狗做出牠討厭的事、或是給狗狗施加很多壓力的時候，狗狗才會咬人。也就是說，狗狗是為了讓討厭的事消失，所以才會想要咬人。

狗狗咬人的目的，是為了逃離這種讓牠不舒服的狀況，牠們並不會在沒有任何意義的情況下突然張嘴咬人。其實在狗狗咬人之前，牠們已經發出過好幾階段的警告。

就像警察在面對犯人時，警察會先大喊住手！→再不住手我就要開槍了！→對空鳴槍警告→射擊地面警告→射擊犯人的手腳→射殺犯人，而狗狗發出的警告就類似這種過程。

狗狗真的想咬人的時候，會有下列階段：①停下動作瞪視著對方→②小聲低吼→③鼻頭皺起、稍微露出犬齒→④露出更多犬齒、低吼聲變得更兇更大→⑤張嘴空咬(牙齒沒有真的合起來)→⑥牙齒咬上皮膚→⑦犬齒深咬進去(只咬一口就離開)→⑧犬齒深咬不放且越咬越用力→⑨咬住後左右甩動。

一旦被咬，飼主通常會在第6階段時激動地大喊大叫，這個時候狗狗的犬齒雖然沒有深咬進皮膚(假設狗狗咬的是飼主的手)，但因為飼主會在狗狗的牙齒一碰觸到自己的手時用力向後縮，最後造成像釘子劃過一般的撕裂傷。

不論如何，若是無視於狗狗發出的警告，咬人的行為就會往下一階段進行。由於狗狗會透過經驗學習，也有可能跳過以前經驗過的警告階段，直接進行攻擊。

若不想被狗狗咬，祕訣就是注意狗狗所發出的第1、第2階段警告，並讓狗狗漸漸習慣那些牠不喜歡的事。

5-03

亂咬東西

確認　壓力　開心、高興　興奮　舒服

應該有飼主經歷過家裡昂貴家具的椅腳、桌腳或是名牌包被狗狗亂咬的經驗吧。

亂叫、亂咬、亂啃三種行為，可說是狗狗的專利。不過，只要在狗狗年幼的時候教導牠們應有的規矩，你就不會變成擁有前述經歷的人。

狗狗，尤其是從開始生長乳齒的3週大開始，一直到乳齒換牙結束、永久齒長齊的7個月大為止的幼犬，牠們會在遺傳因素的影響下，嘗試著去咬各式各樣的東西。

牠們不管發現什麼東西，都會想要用嘴巴咬咬看，確認那個東西是可以吃的還是可以玩的，跟人類的小嬰兒會把任何東西放進嘴巴裡一樣。咬東西可以幫助換牙過程正常進行，還可以鍛鍊下顎的力量。狗狗們若是從小一起生長，透過彼此啃咬的嬉戲過程，也可以學會控制自己咬東西的力度。總而言之，這個時期的狗狗，一天到晚就想找東西來咬一咬。

接著，當狗狗的永久齒全部長齊後，想要啃咬東西的欲望就會漸漸減少，當然也不會變得什麼都不想咬，不過像小時候一樣看到什麼咬什麼的情況會逐漸減少。

在狗狗喜歡整天咬東西的時候，若是發現了好吃、好玩的東西而對它很感興趣之後，將來長大也還是會去咬它。另一方面，若是之前都沒有咬過的物品，狗狗在過了愛咬東咬西的時期之後，就不太會有興趣去咬它。

因此若是可以給狗狗咬的物品，在狗狗開始生長乳齒的3週大開始，一直到乳齒換牙結束、永久齒長齊的7個月大為止，飼主可以經常拿給狗狗咬。相對的，若是不想讓狗狗啃咬的物品，可藉由確實收納、限制狗狗的行動、用套子蓋住，或是在物品上面噴灑狗狗討厭的味道等措施，讓狗狗在那個時期沒有機會啃咬它。

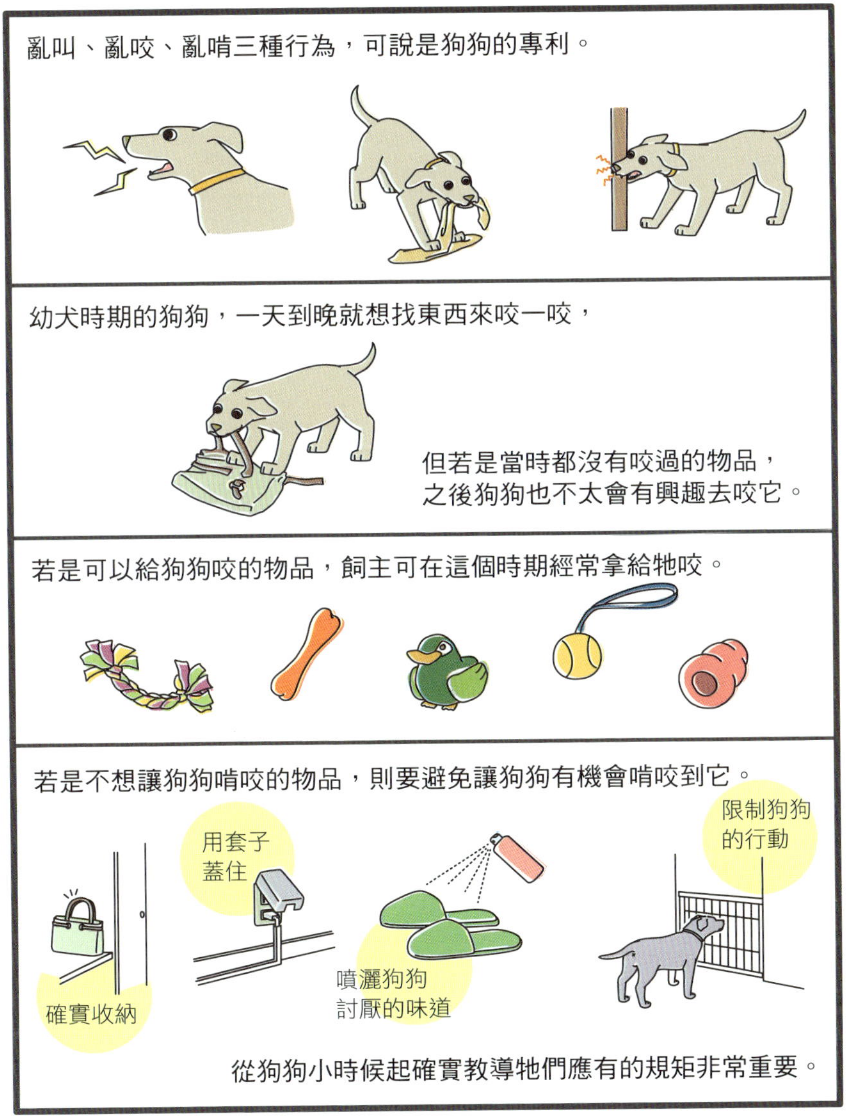

5-04

東西咬住不放

不安 警戒 興奮

如果有人想要硬搶你手上拿著的東西時，你會怎麼做呢？想必是緊抓著東西絕對不放手吧。或許對方之後會把東西還給你，但那個東西也有可能會被對方弄髒、弄壞，因此你應該還是完全不想放手吧。

狗狗也是如此，若要強迫牠放開咬住的東西，牠肯定是不會放開的，而且越是強迫牠放開，牠就咬得越緊。

在伊索寓言中，有個名為「北風與太陽」的故事。北風為了讓旅人脫下大衣，於是對旅人猛烈地吹起強風，結果風吹得越強勁，旅人越是用大衣緊緊包住自己的身體。而太陽則完全相反，太陽讓旅人沐浴在溫暖的陽光下，於是旅人就自行把大衣脫了下來。

對狗狗也是同樣的道理，若要狗狗放開東西，不應該用強迫的方式，而是誘導牠自己張嘴將東西放開。首先，飼主可以拿出比牠所咬的更吸引牠的東西作為交換。接著，把狗狗放開的東西還給牠。飼主可透過遊戲，讓狗狗學習到當自己把咬住的東西放下後就會有好事發生，而且那個東西還會還給牠。

詳細的訓練方法，可參考筆者前作《超完美狗狗訓練法》，不過其實只要進行適當的訓練，不久之後飼主就可以利用信號讓狗狗把咬著的東西放下。

另外，也可同時進行用手指打開狗狗嘴巴的練習。飼主先用指尖拿著食物給狗狗舔，並趁著狗狗專心舔食物的時候，用手打開狗狗的嘴巴，並把食物放入牠的嘴裡。因為打開嘴巴就可以獲得食物，不久之後狗狗就不會抗拒飼主用手打開自己嘴巴的動作。

當這兩項訓練都能完成之後，就可以輕易讓狗狗把咬在嘴裡的東西放下了。

5-05

捍衛某個場所

不安　警戒　威嚇、警告

有些飼主曾有過這樣的經驗 — 想要叫躺在沙發上的狗狗下來，結果被狗狗咬了。

對狗狗而言，有價值的、想要獲得的、想要保護的東西，都可算做狗狗的資源或財產，而舒服的休息處對狗狗而言也是財產之一。

搶奪資源對狗狗而言是討厭的事，為了讓討厭的事物消失，狗狗會採取的行動很簡單，就如同第152頁「咬人攻擊」所說明的一般，想要捍衛某個場所的狗狗，一開始會先停下動作，接著用斜眼看著你，若你還是想趕走牠時，接下來就會發出小聲的低吼。

在被咬之前，趕緊來進行預防工作吧。

方法就是讓狗狗不斷體驗到，只要自己讓出那個地方，就會有好事發生，而且之後還是可以自由回到那裡。

訓練的方法很簡單，首先把食物灑在狗狗所佔住位置的附近，吸引狗狗離開那個位置。狗狗在吃完食物後，若想要回到原來的位置就讓牠回去。當這個過程都能順利進行後，接著在灑食物的時候同時搭配「下來」之類的指令。下次當狗狗為了吃東西而讓出那個位置時，用手餵食狗狗多顆狗食，順利進行之後，再來用食物誘導狗狗「坐下」。接著再下一次，當狗狗讓出位置之後，進入該位置與狗狗之間並餵給狗狗食物，然後再讓狗狗「坐下」。

完成這些訓練過程後，當我們發出「下來」的指令時，只要用手拿著食物誘導狗狗，就算不把食物灑在地上，狗狗應該也會離開那個位置下來。這一次我們一邊拿食物給狗狗，一邊自己坐在那個位置上，然後餵給狗狗多顆狗食。

透過這些過程，狗狗就會知道當自己把佔住的位置讓給飼主之後，就會有好事發生，而且還可以自由回到原來的位置上，最後狗狗就不再會捍衛那個位置了。

讓狗狗逐漸適應

如同「咬人攻擊」（第152頁）所說明，如果我們硬是要對狗狗做出牠不喜歡的事情時，很可能會誘發牠們出現咬人攻擊這種讓人困擾的行為。

只要狗狗在某次機會中學習到原來咬人可以解決問題（讓討厭的事物不發生），從此之後，狗狗出現咬人攻擊這種問題行為的頻率就會變高。

因此基本的解決方式，就是要讓狗狗逐漸去適應那些牠不喜歡的事情。

雖然每一隻狗狗討厭的東西不一樣，不過比較具有代表性的，像是梳毛、擦腳、清眼屎、清耳朵、剪趾甲、洗澡、吹毛、使用吸塵器等，狗狗通常都不太喜歡。

不論是哪一種討厭的事，都必須從狗狗還不會感到討厭的等級開始讓牠們漸漸去適應，我稱之為「刺激等級」。例如以聲音而言，聲音越大刺激等級就越高，若以物體來說，則是距離越近刺激等級就越高。而不管是哪一種惹狗狗討厭的刺激，都一定會有一個臨界點，超過臨界點就會惹狗狗反感，而在那個臨界點以下狗狗就可以接受，也就是說是一種「刺激的界線」。

當刺激等級超過臨界點時，就會進入「警戒區（Red Zone）」，在讓狗狗適應的過程中，必須嚴加注意，不要因為刺激過大而讓狗狗進入警戒區內。

那麼要怎麼確定給予狗狗的刺激是否已經超過臨界點了呢？可利用餵食來進行檢查。當我們拿食物給狗狗吃時，若狗狗願意吃，就表示刺激還未超過臨界點，若狗狗連食物都不願意吃了，就表示你已經讓狗狗進入警戒區了。

越常讓狗狗進入警戒區，狗狗接受刺激的臨界點就會越低，最後就會導致狗狗怎麼也無法接受那個刺激。以強迫的手段對狗狗做出牠討厭的事，就是這種情況。

在讓狗狗適應某項刺激的過程中，瀕臨於刺激界線下的刺激強度可說是最具效果。在這種刺激強度快要越界的情況下給予狗狗食物，狗狗很快就能夠接受這樣的刺激，如此一來，刺激的界線會一點一點地升高，而下一次就可以再提高刺激的強度，依舊在快要超越新臨界點的情況下給予狗狗食物，於是狗狗又能接受更高強度的刺激。同樣的過程重複多次以後，狗狗的刺激界線會越來越高，而警戒區也就會越來越小了。

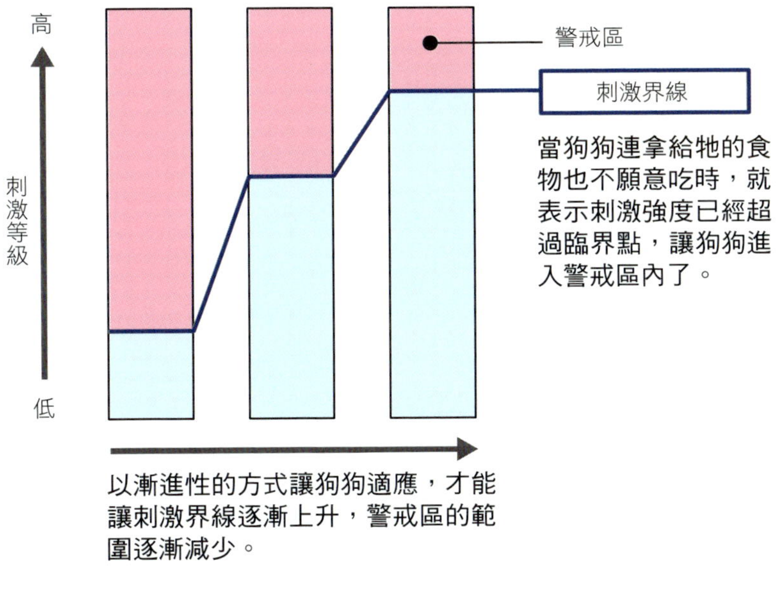

5-06 撲人行為

開心高興　興奮　要求

狗狗的問題行為，幾乎都是以某種情況為契機被誘發出來後才學會的。而起因的行為大多是狗狗與生俱來的習性或行為，例如吠叫、啃咬，或是興奮。

前面所說的學會，是指狗狗學會了以某種情況為契機所誘發出來的行為，可以讓好事發生，或是讓討厭的事物消失。不論是哪一種，都會造成行為出現的頻率增加。

例如狗狗之所以會張嘴咬人，是因為牠發現咬了人之後，別人就不會再對牠做出討厭的事了。那麼撲人行為又是怎麼一回事呢？

要找出可能的原因，無非是從撲人會讓好事發生或是讓討厭的事消失這兩者之中選擇其一，若是家犬，可說100%是前者。

狗狗一旦發現自己撲人之後就會有好事發生，就會越來越愛撲人。那麼對狗狗而言，所謂的好事是指哪些情況呢？

之前曾說明過幼犬很喜歡舔飼主的嘴巴，因此只要飼主一蹲下身子，大部分的幼犬為了想舔飼主的嘴巴就會撲到飼主身上，這個時後飼主通常都會邊摸邊稱讚說「好乖好乖，好可愛喔」，有時候還會把幼犬抱起來。

對想舔飼主嘴巴的幼犬而言，飼主的撫摸或是抱起來都是好事。不過這種撲人行為在幼犬時期出現，飼主可能還覺得無所謂，一旦狗狗長大，尤其如果還是大型犬時，飼主應該就會受不了而加以阻止。於是這次飼主會喊出「不行！」來阻止狗狗的撲人行為，然而這樣的阻止動作對狗狗而言依然是「好事」，因為對於想要飼主陪牠玩的狗狗而言，飼主大喊「不行！」的反應，完全就像是在跟牠玩耍一樣。

其實面對狗狗這種行為最有效的處理方法，就是「忽視」。因為不會引發好的結果，所以行為出現的頻率自然就減少了。另一方面，教導狗狗無法同時並行的行為，也是很重要的處理方法。

※無法同時並行的行為將在下一篇進行說明。

狗狗以某種情況為契機學會了撲人行為並養成習慣。

只要……（只要我一撲人）→ 好事 → 就會發生 → 行為頻率變高

只要……（只要我一撲人）→ 討厭的事 → 就會消失 → 行為頻率變高

如果是家犬，通常是因為有好事發生才撲人。

對幼犬而言，得到飼主的撫摸或是被抱起來都算是「好事」。

長大之後，飼主阻止的動作也是「好事」，因為就像在跟狗狗玩耍一樣。

為了讓「好事」不發生，最有效的處理方式就是不理狗狗。

撲人 → 飼主陪牠玩 → 沒有發生 → 行為頻率降低

狗語之外

教導狗狗無法同時並行的行為

對於因為做了就會有好事發生的習慣性行為，通常最優先的處理方法就是讓那件好事不要發生。但以狗狗撲人的行為為例，牠們之所以會做出這種行為，是基於想要有人陪牠們玩的心理需求。

如果狗狗的這種心理需求一直無法獲得滿足，就有可能累積許多壓力，在某些情況下，狗狗說不定會為了滿足需求（或為了消除壓力）而出現新的問題行為。

此時我們需要做的，就是利用某種我們希望狗狗做出的行為，來滿足狗狗引發行動的心理需求。同樣以狗狗的撲人行為為例，狗狗撲人時，只要我們忽視牠，狗狗就會因為撲人不會引發好的結果而漸漸減少這種行為，但光只是忽視狗狗並無法滿足狗狗想要有人陪牠玩的心理需求。

接下來重點來了，其實大部分的狗狗，一旦飼主無視於牠的飛撲動作後，幾乎一定會改為做出坐下的行為，這是因為狗狗從過去的經驗學習到只要坐下就會有好事發生。而這個機會我們千萬不可錯過，只要一看到狗狗坐下，就應該馬上去陪牠玩，或是給牠零食獎勵趁機進行訓練。

撲了人也不會有好事發生，坐下來後卻有，撲人和坐下屬於兩個無法同時進行的動作，提供兩種選項給狗狗，讓牠們思考並加以選擇，是很重要的行為改善方式。

當出現問題行為的主要原因是因為有好事發生時，在減少問題行為的同時，教導狗狗做出另一個無法同時並行且是飼主希望出現的行為，是最佳的改善方式。

拉扯牽繩、亂撿地上的東西吃、有所要求的吠叫，皆是如此。

當出現問題行為的主要原因是因為有好事發生時⋯

首先先讓好事不要發生：

撲人 → 有人陪牠玩 → 發生 → 行為頻率增加

↓

撲人 → 有人陪牠玩 → 沒有發生 → 行為頻率降低

↓

接下來，利用自己希望狗狗做出的行為，來滿足狗狗希望有人陪牠玩的心理需求（對狗狗而言等於好事發生）。

坐下 → 有人陪牠玩 → 發生 → 行為頻率增加

↓

由於撲人和坐下屬於兩個無法同時進行的動作，
提供狗狗兩個無法同時進行的選項，
讓牠們思考並選擇做出我們想要的行為。

撲人 → 有人陪牠玩 → 沒有發生 → 行為頻率降低

坐下 → 有人陪牠玩 → 發生 → 行為頻率增加

5-07 散步時一直扯著牽繩

開心、高興　興奮　確認　要求

這一篇讓我們來探討有關狗狗散步時，會一直拉扯牽繩的問題。

引發問題行為發生的原因，不是做了會有好事發生，就是做了會讓討厭的事消失，那麼狗狗散步時一直拉扯牽繩屬於這兩者中的哪一個呢？答案是兩者皆有可能。

只要拉扯牽繩就可以去自己想去的地方，這就是會有好事發生的情況。想去公園玩、想去聞那根電線桿的味道然後做記號、想去確認掉在那邊地上的東西、想去跟站在那邊的狗狗玩耍……諸如此類。只要能滿足自己的某某願望，通通都算是好事。

那麼能夠讓討厭的事物消失又是怎樣的狀況呢？很可能是當場有狗狗不喜歡的東西存在，狗狗為了逃離那裡所以才會拉扯牽繩。不過若是家犬，則幾乎都是前者「為了讓好事發生所以才拉扯牽繩」。

那麼這時候我們該怎麼做呢？

要改善狗狗為了讓好事發生而出現的問題行為，基本技巧就是讓好事不要發生，也就是說，狗狗一拉扯牽繩飼主就停下來，當狗狗發現不論怎麼拉都無法得到想要的結果後，幾乎一定會停止拉扯牽繩。而飼主只要一覺得狗狗停止拉扯（牽繩放鬆）後，就可以馬上往狗狗想去的地方前進。

就算拉扯牽繩也無法讓好事發生，但放鬆牽繩卻可以得到自己想要的，提供這兩種選項給狗狗思考及選擇，雖然飼主可能會多花上一些時間，但狗狗之後就會習慣放鬆牽繩散步了。

狗狗之所以會在散步時拉扯牽繩，
是因為……

拉扯牽繩 → 想去的地方 → 能夠抵達 → 行為頻率**增加**

只要自己拉扯牽繩，就能夠到達自己想去的地方，
狗狗會出現這種行為，幾乎都是為了讓好事發生。

為了不讓好事發生，

只要狗狗拉扯牽繩就停下來，
一停止拉扯（牽繩放鬆）就往狗狗想去的地方前進。

拉扯牽繩 → 想去的地方 → 無法抵達 → 行為頻率**降低**

拉扯牽繩 → 想去的地方 → 能夠抵達 → 行為頻率**增加**

就算拉扯牽繩也無法讓好事發生，但放鬆牽繩卻可以得到
自己想要的，提供這兩種選項給狗狗思考和選擇。

5-08 胡亂吠叫

開心、高興　壓力　警戒　興奮　不安　其他

經常有飼主跟我訴苦說「我家的狗常常亂叫該怎麼辦？」但其實狗狗是不會無意義地亂吠叫的。

先前有提過，動物們在採取某行為時，首先會將想要得到或不想失去的對象的價值（也就是資源價值），以及為了得到或保護該對象所必須付出的勞力（也就是成本），放在天平兩端進行衡量。基本上，當採取某行為的資源價值與成本之間的關係，不會形成資源價值－成本>0的情況下，狗狗就不會選擇採取該行為。

吠叫本身是很耗體力的，也就是必須付出一定的成本，若是在付出成本的情況下卻無法得到與成本相符的報酬，或是無法保護某樣自己想要保護的對象，狗狗們並不會做出這項行為。

再來從另一個觀點來看這個問題。

某個行為之所以會越來越常出現，只可能是因為做出該行為後會有好事發生，要不然能夠讓討厭的事消失，也就是說，若狗狗吠叫之後無法引發任何結果，同樣地牠們也不會做出吠叫這種行為。

不論從哪個觀點來看，狗狗的吠叫都是有某種意義的，沒有所謂的胡亂吠叫這種事。

當家中的狗狗經常吠叫而惹人困擾時，飼主可試著觀察看看狗狗吠叫之後是否有發生什麼事，理論上一定會有對狗狗而言的好事發生或是討厭的事消失。

舉例來說，有些狗狗會在飼主準備餵飯的時候大聲狂吠，想想看，當牠叫完之後發生了什麼事呢？沒錯，就是可

以吃到狗食了，也就是說有好事發生了。

那麼這時候飼主該怎麼辦呢？就是在狗狗吠叫之後，絕對不能拿狗食給牠吃。若是真的怕狗狗的吠叫會吵到附近鄰居，也可以趁著狗狗在吃飯的時候準備好下一頓的食物。

※其他的吠叫問題會在第6章詳細加以解說。

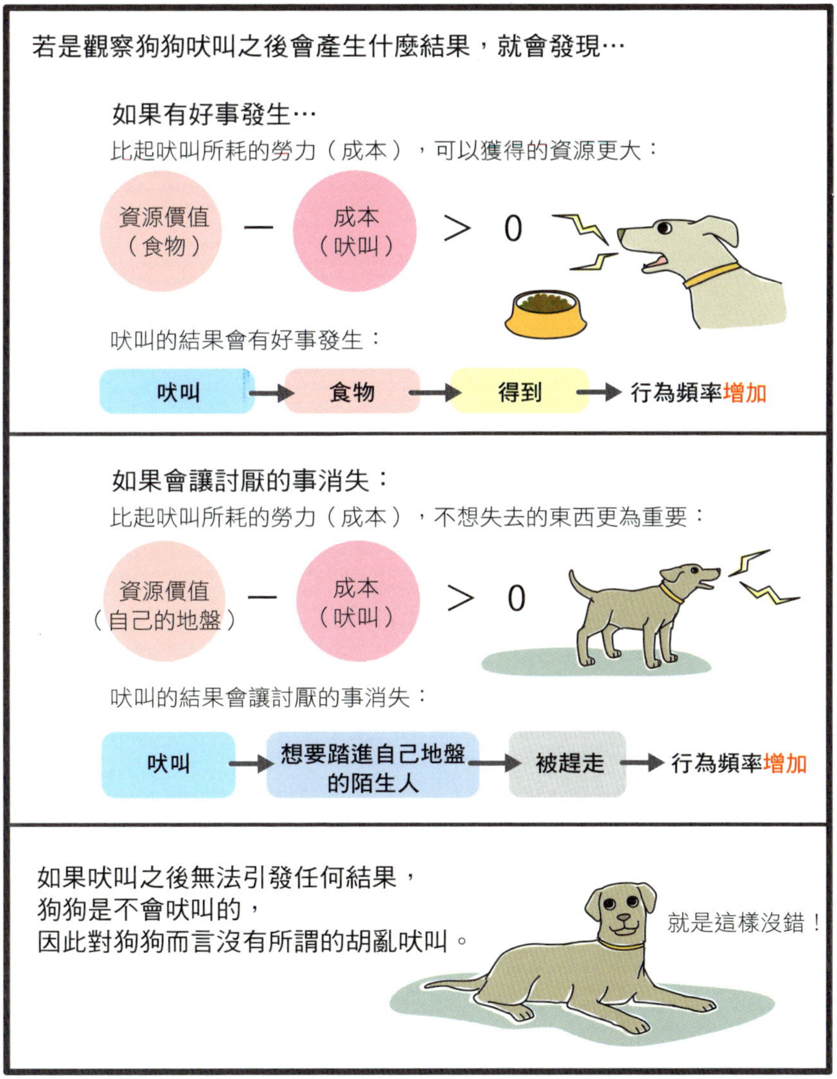

5-09

亂撿地上的東西吃

開心、高興　確認　其他

狗狗亂撿地上的東西吃，或是並非為了進食的目的而把掉在地上的東西咬進嘴裡，這些行為都可統稱為「撿食行為」。狗狗在散步途中之所以會做出撿食行為，一樣不是為了讓好事發生，就是為了讓討厭的事消失，但後者似乎有點難以想像，因此主因一般都是前者，也就是為了讓好事發生。狗狗想確認掉在地上的是什麼東西，所以用嘴巴咬咬看，而從結果來說也的確是在用嘴巴完成確認工作，所以對狗狗而言這就是發生好事。和撲人行為與拉扯牽繩都是一樣的。

狗狗之所以會學習到撿食行為，就是因為飼主允許狗狗做出這種行為，也可以說是因為受到飼主的鼓勵才會去撿地上的東西吃。

因為會有好事發生而學習到的狗狗問題行為，基本上矯正它的方式，就是不要讓好事發生。也就是說，當狗狗準備要去撿地上的東西吃的時候，就要拉住狗狗，不要讓狗狗的鼻頭碰觸到地面。為了達到此目的，飼主必須正確地握住牽繩，才能及時制止狗狗。

飼主握住的牽繩位置，應該在當握著牽繩的手緊貼在自己肚臍到胸口的位置時，狗狗的鼻頭無法碰觸到地面的牽繩長度。以這種方式握著牽繩，即使狗狗想要去撿地上的東西吃時，由於握著牽繩的手緊貼在飼主肚臍到胸口的位置，所以能夠防止狗狗撿食。而平常只要手稍稍往下一點就能夠讓牽繩維持在放鬆的狀態，這樣狗狗也會感到很輕鬆。

那麼可以使用具有彈性的牽繩嗎？答案是絕對不行，因為具有彈性的牽繩完全無法防止狗狗的撿食行為。

只要狗狗無法做出撿食行為，自然就不會有好事發生，行為的頻率也就會降低。此時可以順便教導狗狗無法同時並行的行為，也就是當狗狗抬頭看著飼主時，就給予牠獎勵。

如果要直接邊散步邊訓練狗狗可能會有一些難度，所以最初可以從停止狀態試著開始訓練。讓狗狗就算想去撿食掉在地上的東西也撿不到，然後在狗狗抬頭看向飼主的時候給予食物獎勵。

5-10

無法定點如廁

舒服 興奮 壓力 不安 恐懼 其他

狗狗之所以會在廁所以外的地方排泄，有著各式各樣的原因，包括標記行為、膀胱炎等泌尿系統疾病或分離焦慮等精神上的疾病、廁所本身的物理因素（例如太髒、太窄）、因為錯誤學習而以為可以吸引到飼主的注意力等。

雖然限於篇幅無法在此一一加以說明，但我想利用近幾年來最常受到飼主諮詢的具體案例來詳細探討。

諮詢的內容為「狗狗在圍欄裡面的時候明明會乖乖地去尿布墊上廁所，可是一出了圍欄之後就不願意去尿布墊上廁所，而是在客廳裡亂尿尿（可明顯看出非標記行為）」。

首先大家必須知道，排泄本身是一種很舒服的行為，因此不論是在哪裡上廁所，對狗狗而言都可說是發生了好事。而且狗狗在某地點尿了尿也覺得發生好事之後，還會和該地點產生連結，也就是在該地點尿尿就會有好事發生。因此為了改善這種問題，就不能讓狗狗在廁所以外的地點排泄，不讓狗狗有機會體驗到在廁所以外排泄的經驗。

接著大家必須了解的是，狗狗會在離開睡窩（=巢穴）的地方排泄。若是把睡窩（=巢穴）放在圍欄內，狗狗離開圍欄之後就算想要尿尿，也不會想要回到圍欄內上廁所。而狗狗之所以在圍欄內會乖乖地在尿布墊上尿尿，是因為牠被關在圍欄裡面而不得不在那裡上廁所。

為了改善這種問題，首先就要從改變狗狗的飼養環境著手，不要再把圍欄中的廁所和睡窩放在一起，而是要加以區隔。最容易讓狗狗了解的方法，就是把運輸籠當作睡窩，把整個圍欄規劃成狗狗的廁所。

當狗狗只要想排泄時一定會回到圍欄內上廁所之後，飼主就可以開始將圍欄一片一片地拆掉，到最後只剩下尿布墊時，狗狗也會乖乖在上面排泄了。

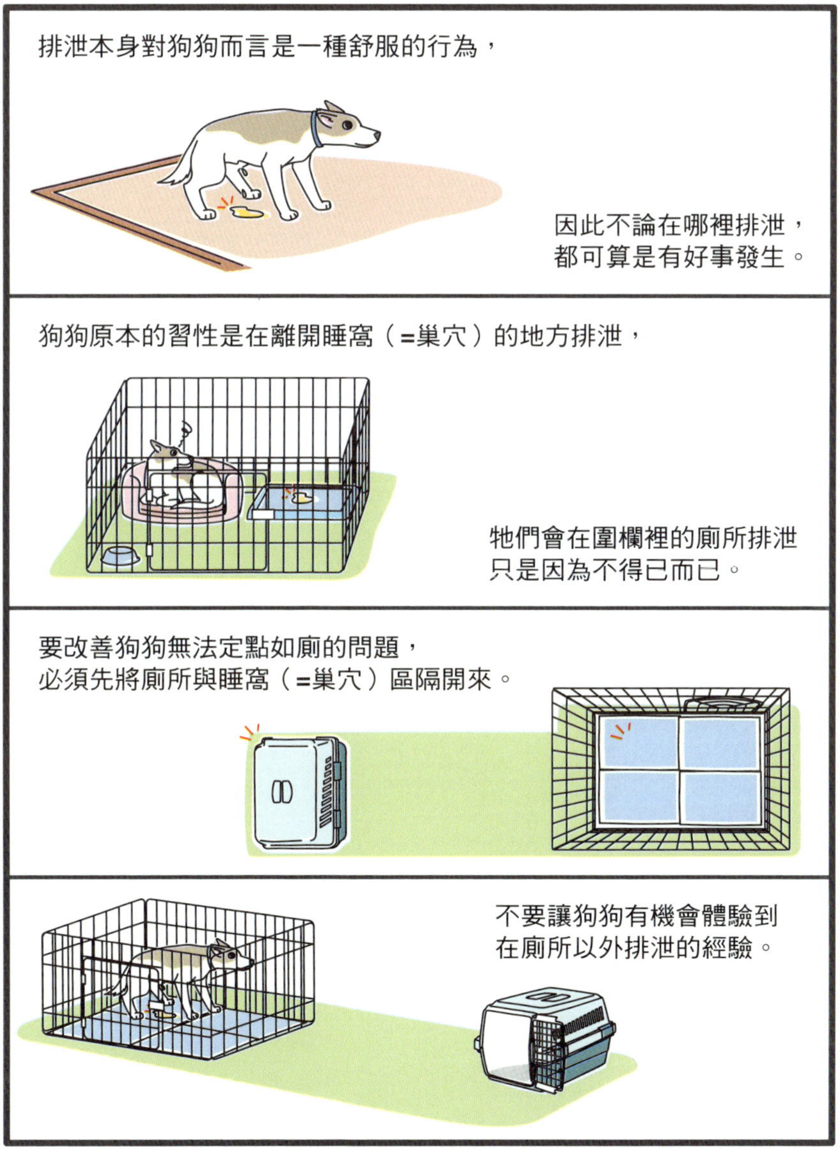

5-11 不願意吃東西

壓力　安定訊號　恐懼
不安　要求　其他

除了生病之外，狗狗不願意吃東西的理由大致上可分為四大類。

第一個理由是壓力反應。狗狗在緊張時會因為交感神經的作用，體內的腎上腺素濃度升高，導致通往消化系統的血流受阻，這個時候狗狗不是不願意吃飯，而是無法吃飯。因此必須移走讓狗狗感到壓力的刺激物（或對象），或是讓狗狗適應那樣的刺激。

第二個理由是學習造成的。飼主平常給予狗狗太多零食，使得乾糧的吸引力相對減少，於是就漸漸不吃完眼前的乾糧，或甚至完全不吃，然後有些飼主就會想方設法地尋找狗狗願意吃的食物。結果導致狗狗覺得「只要我不吃面前的食物，就可以吃到更好吃的東西」，行為的後果會有好事發生時，行為的頻率會增加，於是狗狗就越來越不愛吃飯了。

要改善這種情況，就是停止再給狗狗任何零食，然後表現出不想吃的話就不要吃也沒關係的態度，如果狗狗不吃飯就馬上把狗碗收起來不讓牠吃。雖然有些頑固的狗狗可能可以放著三天不吃，但只要牠們餓到極點時自然會把拿到面前的食物吃下去。

剩下的兩個理由則是狗狗在訓練途中不願意吃東西的狀況。一個是狗狗因為不缺食物所以不願意聽從指令，處理的方法就是除了訓練過程中作為獎勵的食物之外，不要給狗狗任何食物。若狗狗依舊對食物不感興趣，那麼不進行訓練也沒關係。同樣的，就算有些狗狗能夠撐到三天不吃，但不久之後狗狗還是會因為餓肚子而願意吃東西，此時就可以進行訓練了。狗狗此時也會知道不工作的話就沒飯吃，於是願意聽從指令做動作。

另一個則是狗狗表現出安定訊號「撇過頭去」的情況。此時可參考本書第112頁所介紹的狗狗出現安定訊號時的處理方式。

除了生病之外，狗狗不願意吃飯的理由大致上可分為四大類：

第一個是……壓力反應

不是不願意吃，
而是根本吃不下去的狀態。

第二個是……學習造成的

狗狗學習到只要自己不吃
面前的食物，
就可以吃到更好吃的東西，
所以不願意吃飯。

剩下的兩個都發生在訓練過程中：

狗狗因為不缺食物所以不願意
聽從指令
（訓練過程中的獎勵吸引不了牠）。

狗狗表現出安定訊號
「撇過頭去」的情況，

表示狗狗正在訴說
不要再給牠施加壓力了。

5-12

食糞問題

舒服
確認
壓力
其他

以筆者的經驗而言，狗狗飼養在圍欄中且飼主經常不在身邊的情況下，半數以上的狗狗會在3～4個月大時開始出現食糞的行為。

狗狗會食糞的原因包括①營養不足（礦物質不足）、②食物未消化完全、③因蛔蟲或胃炎造成的胸口灼熱感、④打發時間（太過無聊）等等。

由於要找出原因必須花上不少時間，為了阻止，首先要讓狗狗沒有機會吃到自己的便便。為了達到這個目的，必須將狗狗的飼養環境改成排便時飼主隨時都能注意到的狀態。

規劃飼養環境時，可將運輸籠作為狗狗的睡窩（小型犬則可利用塑膠製的外出提袋），將圍欄作為狗狗的廁所。狗狗平常在運輸籠內休息→離開運輸籠時則要保持在飼主可以看到的狀態→一旦無法看著狗狗時，就要讓狗狗進入運輸籠內。若能徹底執行，狗狗便便的時候飼主都會在身邊，就不會有機會吃到。由於狗狗是透過經驗學習的動物，沒有經驗過的事情就不會學習到。

此外，也可以試著在狗食中添加富含礦物質的海藻類，或是更換狗食種類。由於也可能是胃炎所造成，所以也有必要帶去動物醫院檢查。

若能照上面所說的去做，隨著狗狗長大後應該就不會再出現食糞的情況。我家以前的狗狗小噗，是從動物醫院認養來的，當初收留在動物醫院裡的時候（大約有兩個星期），就開始出現了食糞的行為。

在我認養牠的時候，獸醫師還告誡我說「一直改不了牠食糞的行為」，但因為我使用了上面所說的飼養方式，讓牠不再體驗到食糞的過程，防止了牠去習慣這個行為後，就再也不會去食糞了。

另外，市面上有在販賣能夠防止狗狗食糞的營養食品，飼主可以去試著使用看看，也會有一定的成效。

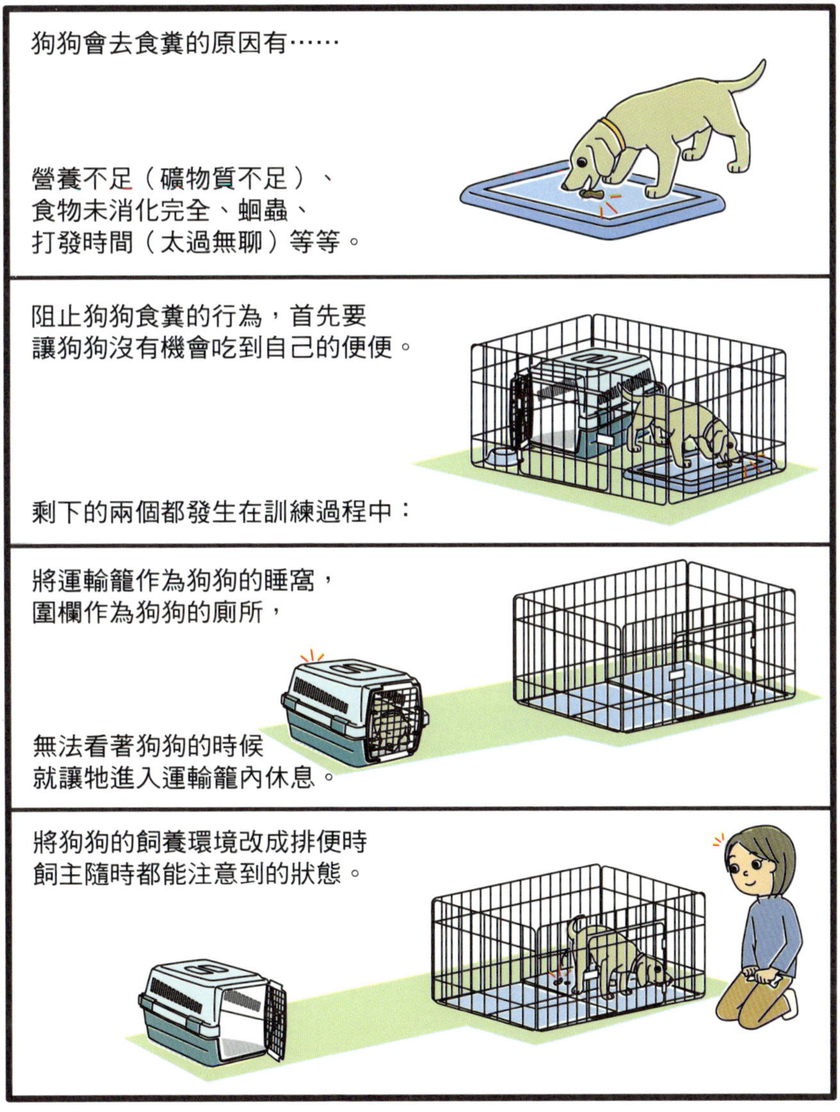

5-13

喜歡吃草

舒服 確認 開心、高興 其他

基本上只要飼主有幫貓咪準備貓草，貓咪幾乎一定會去吃它。貓咪為了理毛而會去舔自己的身體，所以會不小心把毛髮吃下去，而貓咪之所以會去吃貓草，就是為了讓貓草刺激胃部以便讓毛球吐出來。

雖然市面上有人在販賣所謂「狗草」的產品，但就算飼主幫狗狗買了這種狗草，也只有少數狗狗會把它吃下去。也就是說，狗狗吃草和貓咪吃草的理由不一樣，並不是屬於本能的行為。

雖然過去有人認為狗狗之所以會去吃草是因為胸口有灼熱感，但如今狗狗的飲食已大為改善，而且驅蟲及其他預防醫療也很普及，這種原因應該很少見才對。

另有一說認為，現代狗狗因為大部分飼養在室內，而且是以人工製造的狗食為主要食物來源，因此和人類一樣很容易會有礦物質攝取不足的問題，所以才會為了滿足身體的需求而去吃土或吃草。不過如果是這種說法的話，那大部分飼養在室內而且是吃人工狗食的狗狗，應該都會出現吃草的問題才對，但事實上並非如此，可見這個原因應該也只是少數案例。

最可能的原因應該是學習所造成的。狗狗把異物吃到嘴裡其實是一種非常司空見慣的行為，尤其是幼犬，根本是看到什麼都會想去吃吃看。幾乎所有狗狗的成長過程中都有吃過草，若某個偶然機會下所吃到的草是苦的，那狗狗很可能以後就不想再去吃草了。但相反地若是吃到的草不但不苦而且還很好吃，那麼狗狗就有可能變得喜歡吃草了。

問題是路邊的野草經常沾有除草劑或農藥，而且有的植物對狗狗而言還可能具有毒性，為了避免狗狗中毒，飼主看到狗狗想要吃草時應該特別小心，務必把狗狗拉開以免發生危險。

5-14 追著自己的尾巴跑

壓力　不安　開心、高興　興奮　確認　其他

幼犬的成長階段中，經常可以看到小狗狗追著自己尾巴跑的行為。看著自己臀部的方向，想說那個毛茸茸的東西是什麼，想要聞聞看上面的味道跟咬咬看確認是什麼東西，結果鼻頭一靠近對方卻跑走了，而追趕逃跑的東西而且想要咬住它是狗狗的習性，於是就變成狗狗追著自己的尾巴不斷轉圈圈了。

不過當狗狗真的咬到自己的尾巴之後，發現原來那是自己身體的一部分，或者是單純因為咬到尾巴後從結果而言等於發生討厭的事或是沒有好事發生。總之，追著尾巴跑的行為在狗狗長大成成犬之後，幾乎都不會再出現。

問題是那些已經是成犬卻還是出現這種行為的狗狗，不只是追著自己的尾巴跑，也有單純只會一直繞圈圈的案例。

會出現這種行為，是因為狗狗運動不足、狗狗與飼主之間的溝通不夠、或是飼主平常很少摸狗狗等原因，導致狗狗產生了很多壓力所造成。

解決方法就是增加狗狗的運動量，和狗狗玩拉扯或你丟我撿的遊戲，或是多帶狗狗外出散步，藉由狗狗和飼主之間的溝通與互動，消除狗狗的壓力。

除了這些方法之外，同時也應該對狗狗進行適當的行為教育。讓狗狗知道與飼主共同生活時，可能會遇到哪些情況以及該怎麼做，這樣狗狗才能過著安心的日常生活。藉由建構與飼主之間的信賴關係，也可以減輕狗狗的壓力。

在這些會追著自己尾巴跑的狗狗之中，有些還會去啃咬自己的尾巴，導致尾巴上的毛髮越來越稀疏，嚴重一點甚至

還經常會咬傷，到了這種地步，就和人類的自殘行為一樣。一旦狗狗出現常同行為（不斷反覆做著沒有意義的相同行為）時，就必須請獸醫師仔細加以治療了。

5-15 繫繩後變得有攻擊性

威嚇、警告　壓力　恐懼　生氣　其他

筆者以前的狗狗小噗，因為社會化期初期沒有學會如何與其他狗狗溝通，成長期的時候又被某隻德國狼犬攻擊過，因此有一段時期牠只要看到所有比自己大隻的狗狗，或是雖然比牠小但是很好動的狗狗，一定會出現攻擊性的傾向。

情況嚴重的時候，連在散步途中看到相隔5公尺以上的狗狗，態度都會變得很兇。

這樣的小噗，在進入狗狗遊戲區、沒有繫牽繩而可以自由奔跑的狀態下時，卻幾乎不會出現攻擊性的態度。一繫上牽繩就變得具有攻擊性，這種情況絕不是只出現在小噗身上，在其他狗狗也會出現。

在第4章的內容裡，我們有提到關於個人領域、爭鬥距離和逃走距離等相關內容，同時也說明了這些距離會隨著當時情況的不同而發生改變。而繫上牽繩和拿掉牽繩的兩種狀況，即會使得狗狗的個人領域、爭鬥距離和逃走距離發生變化，而這就是前述現象的原因所在。

狗狗很清楚自己沒有繫上牽繩時，可以隨意地調整自己與對方之間的距離，但一旦繫上牽繩後就做不到這點了。即使和對方相隔同樣的距離，如果自己沒繫著牽繩的話，則還在逃走距離的範圍內，一旦繫上牽繩，對方就等於進入了自己的爭鬥距離了。也就是說，即使是同樣的距離，會因為自身狀況的改變而產生變化。

人類其實已經在不知不覺中利用了狗狗的這種特性培養出了一種工作犬，那就是看門狗。看門狗在社會化期的期間，好奇心是大於警戒心的，所以也不會出現明顯的攻擊性態度。不過當牠們的社會化期結束警戒心變強之後，就會對靠近自己領域的人類感到非常警戒。若是在自由行動的狀態下，狗狗還能逃開並和對方保持距離，但遺憾的是牠們被鍊住了無法自由行動，於是才會展現出攻擊性的態度。

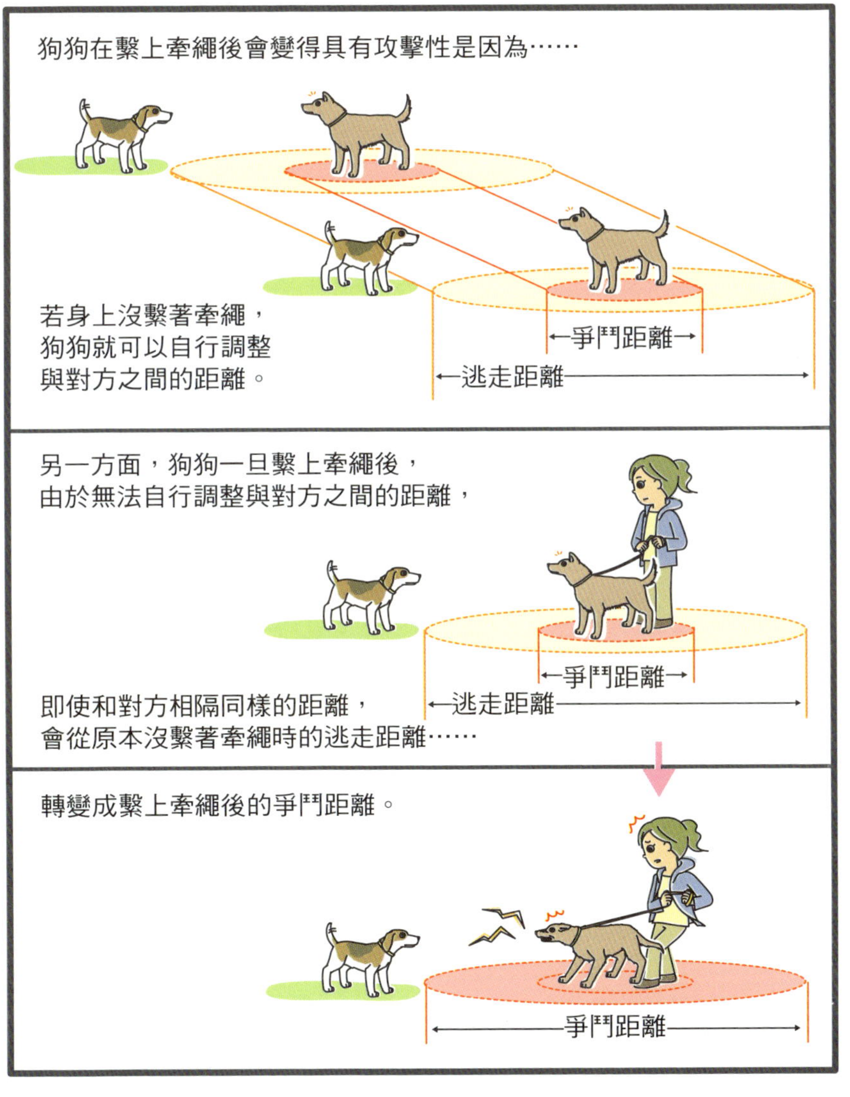

什麼樣的行為叫做問題行為？

什麼樣的行為叫做問題行為呢？是對飼主造成問題？對社會造成問題？還是對狗狗本身造成問題？

關於什麼樣的行為算是問題行為，又是否應該加以改善，我會從三個角度進行判斷。

譬如說狗狗在家中的吠叫。如果飼主不在意、也不會吵到附近的鄰居、對狗狗本身也沒有造成什麼問題……的話，或許沒有什麼必要去加以改善。只不過狗狗如果會在家裡吠叫的話，那牠跟飼主一起外出旅行住在旅館時，很可能也會吠叫，這樣的話就會造成其他人的困擾了。換句話說，即使是相同的行為，根據生活型態的不同，有可能是問題行為，也有可能不是問題行為。

為了改善吠叫問題而來到筆者學校的學員中，也有這種狀況。飼主原本並不在意狗狗的吠叫，而且也沒有對附近的鄰居造成困擾，他之所以會帶狗狗來上課，是因為接受了獸醫師「狗狗的氣管不太好，最好不要讓牠一直叫」的建議。

若狗狗的吠叫是發生在「看不到飼主的時候」，這表示發生行為的根源在於狗狗很容易感到不安的心理問題，因此就算這隻狗狗的呼吸系統很健康，也必須儘快改善這種行為。

還有許多行為是飼主雖然沒發現，但如果不加以改善的話狗狗會很可憐。為了能夠發現真正的問題所在，筆者建議每位飼主都可以試著帶狗狗去上一次行為教育課程。

第6章

狗狗的吠叫

6-01

吠叫

開心、高興　生氣　壓力　要求
警戒　不安　興奮　其他

有一種簡單的分析方法，可以從狗狗的吠叫聲了解牠們的心理狀態，就是把狗狗的吠叫聲當作音樂一樣來進行分析，這也是筆者一直在提倡的方法。

聽到狗狗的吠叫聲時，第一個要注意的是音調的高低。每一隻狗狗所發出的音調高低都有其幅度，幅度之中較為偏高的音調是狗狗在向對方示弱的時候使用，用以表達自己是隻弱小、年幼的狗狗。

漫畫中經常可以看到夾著尾巴逃走的狗狗，旁邊會配上「該該」叫的文字，那就是表示狗狗發出了高音調的叫聲。狗狗被關在運輸籠裡的時候，為了吸引飼主的注意力，會發出類似嗚咽聲的「嚶嚶」叫聲。這兩種音調都是在表示自己很弱小的表現方式。

相反地，狗狗發出音調低沉的叫聲時，是為了顯示自己的強大，像低吼聲就屬於此類叫聲，狗狗會把音調放得很低。另外，「汪！汪！」的叫聲也是在向對方表示「我可是很強的，快走！少來惹我！」。

接著要注意的是狗狗吠叫聲的拍子，也就是吠叫的速度，這與狗狗的興奮程度有關。我們人類經常會用「喋喋不休」來形容講話的速度很快，而狗狗的吠叫也是這種感覺。若狗狗是慢慢地吠叫，則反而表示牠很冷靜。例如為了打發時間而吠叫的狗狗，就絕不會快速地一直叫。

再來是吠叫聲的強度。聲音的強弱表示狗狗情緒的激烈程度，可以聽出狗狗是想要強烈地表達自己的意思，或是並沒有那麼激動。

最後則是間隔，也就是音樂中的休止符，是如何出現在吠叫聲中。若只是為了喘一口氣而暫停，表示狗狗目前很興奮，相反地若是停頓的時間較長，表示狗狗正在觀察對手或周圍的反應。

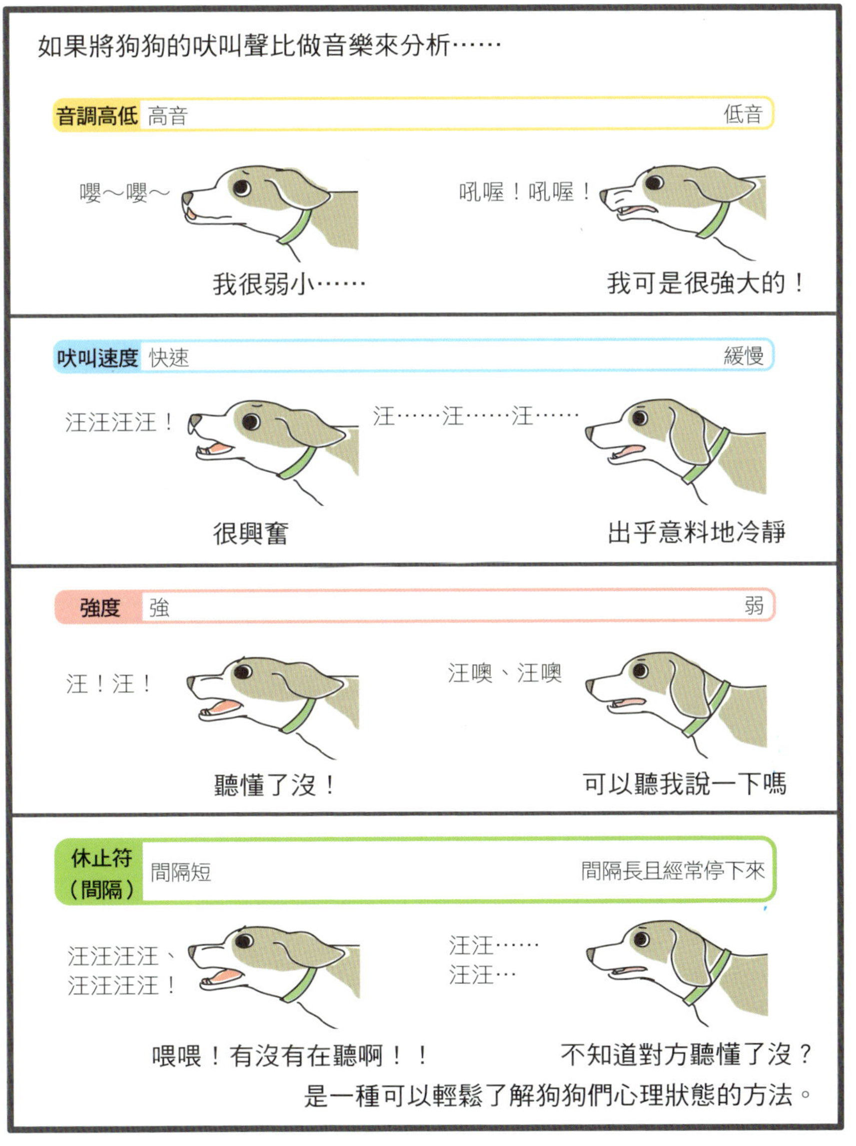

6-02

鼻子發出嗚咽聲

不安 要求 其他

有些狗狗在看不到飼主的時候，會用鼻子發出嗚咽聲。

嗚嗚聲、嚶嚶叫的音調通常都很高，是為了明確表達出自己的弱小，就像在喊媽咪、馬麻一樣的撒嬌聲。

狗狗在幼犬時期的確非常弱小，所以也就會經常發出這種嗚咽聲。而且剛剛出生不久的小狗狗們也沒辦法汪汪叫，因為牠們只發得出這種聲音。

雖然這個時期的嗚咽聲是一種本能的叫聲，不過狗狗長大之後，就會根據性格和成長過程中所得到的經驗，也就是經由學習，來決定自己要經常發出嗚咽聲，還是在少數情況下才要這樣叫。

如果仔細聽狗狗嗚咽聲的拍子，就會發現過了幼犬時期之後的嗚咽聲，大部分速度都不快，而是感覺好像充滿了演技一樣，狗狗會顯得出乎意料地冷靜。但幼犬時期的嗚咽聲，則會像人類嬰兒哭泣時的樣子一般，嗚咽的速度很快。

那麼嗚咽聲的間隔（休止符）又是如何表現呢？過了幼犬時期之後的嗚咽聲，裡面會插入很多休止符，也就是狗狗在觀察飼主的反應。而幼犬時期的嗚咽聲則是只是為了換氣才會稍微暫停一下。

至於嗚咽聲的強度，則是較弱、似乎有所克制的感覺。同樣的若是幼犬時期的嗚咽聲，強度會和人類嬰兒哭泣時的強度一般，但若是想要強烈表達要求的時候，就會變得較為激烈。

過了幼犬時期之後的嗚咽聲，有時也可算是比較溫和型的要求性吠叫，但也有不少狗狗會隨著要求越來越強烈而不再克制自己的叫聲，轉變成汪汪大叫。例如狗狗想要從籠子裡出來的時候，有時後會因為情緒越來越激動，而從嗚咽聲轉變成該該的尖叫聲。

不論是哪一種都屬於要求性的吠叫，面對這種叫聲時，原則上不要理它才是最佳的處理方式。

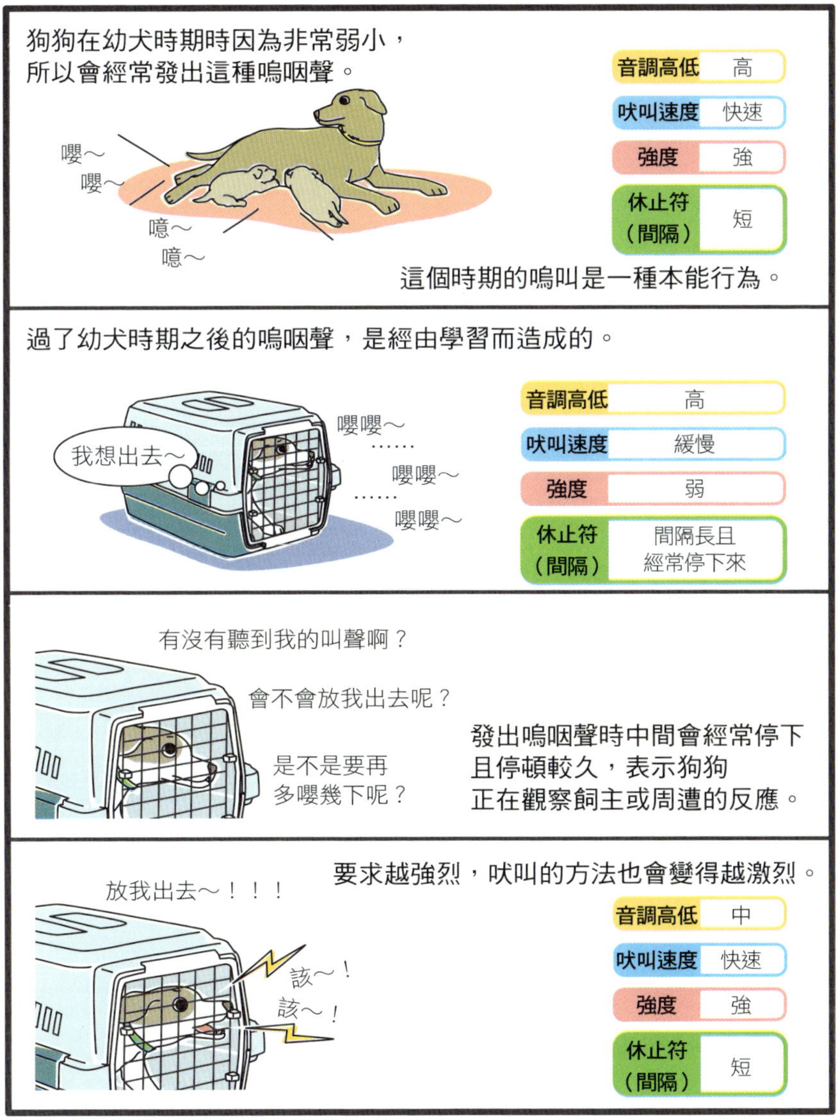

6-03

要求 開心、高興 其他

屋外的狗狗對屋內吠叫

近幾年來狗狗飼養在屋內的比例越來越高，因此在都市地區已經很少看到屋外的狗一直對著屋內吠叫的光景了。由於狗狗會一邊吠叫一邊看飼主的反應，因此會斷斷續續地叫一下停一下。這種吠叫聲的音調中等，速度也不會很快。

如果飼主在聽到狗狗這種吠叫聲的反應是拉開窗簾、打開窗戶、大聲斥責狗狗「吵死人了！」的話，那就完全正中狗狗的下懷了。因為狗狗吠叫的結果是飼主出現，也就是等於有好事發生了。

經常有飼主來找我諮詢說，不論自己再怎麼罵，狗狗就是完全改不了這個毛病，但別說要改善問題，飼主根本就是在教導狗狗，只要叫了就會有好事發生，所以吠叫問題自然會越來越嚴重。

先前第5章的「撲人行為」（第162頁）中曾說明過，「被罵」對狗狗而言，在某些情況下等於是一種「好事」。比起什麼事都沒發生，「被罵」有時候會變成刺激狗狗行為頻率增加的「好事」。

被罵等於好事，這種心理就和喜歡惡作劇的孩子一樣，由於他們很想得到雙親或老師的注意力，因此即使明知自己會被責備，但還是會不停地惡作劇。

讓我舉一個更極端的例子。社會上有些人因為覺得自己不受人關心，所以不惜犯下窮凶惡極的死罪，也要得到世人的關注。像是捉捕犯人的媒體報導之類的，比起什麼都沒發生更讓犯人感到高興。狗狗的這種吠叫行為，和這種犯罪者的心理還是有一些共通點的。

狗狗在院子裡吠叫是最常被飼主貼上「亂叫」標籤的問題行為，現在大家應該都已經知道，狗狗的吠叫中，沒有被分類在沒有目的的亂叫的選項。

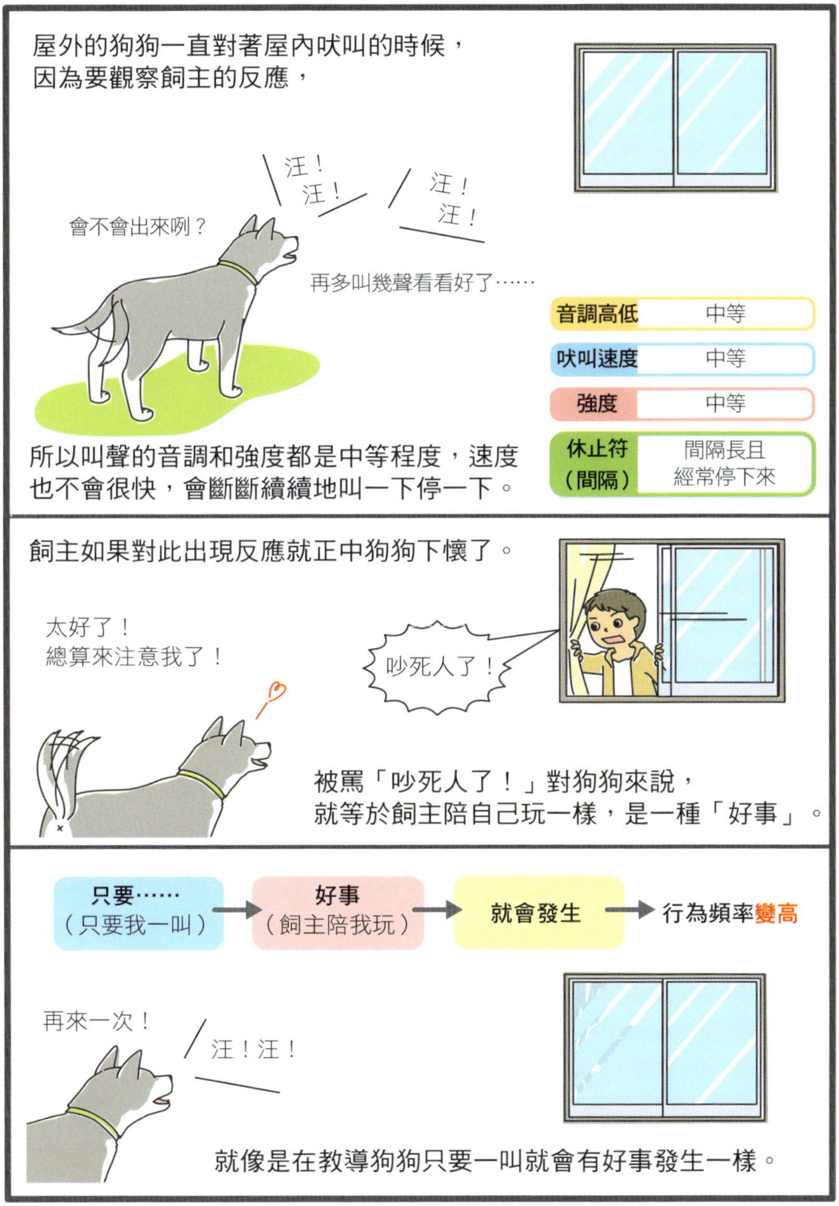

語言的上下文

以日語中的「カキ（kaki）」為例，如果只從拼音來看，它代表了書寫、下列、柿子、夏季、暑期、插花用的容器、牡蠣、槍砲等意思，當然若是以漢字寫下來的話，一看就知道意思，不過即使是在會話中，我們一聽到「カキ（kaki）」時，通常也能馬上意會到是什麼意思。

這是因為我們在聽別人說話時，會從會話中所描述的場景以及整段話上下文的組合，來判斷哪些詞彙代表了什麼意思。例如「飯後還端上了一盤看起來很美味的カキ（kaki）耶」，這段話裡的カキ（kaki），我們一聽就知道指的是「柿子」，不可能是槍砲，也不可能是插花的容器，更不可能是夏季的意思。

這種話語中所描述的場景以及前後詞彙的組合，我們稱之為「上下文」，廣義來說，還包括了話語中的前後關係、背景、狀況、場景等。

聽到狗狗的吠叫聲時，也必須注意牠們叫聲的上下文，才能更加了解狗狗們的心理狀態。

除了從吠叫聲的音調、速度、強度、停頓狀態加以分析之外，同時也要著眼於狗狗是在什麼情況下吠叫，以及吠叫前後有沒有發生什麼事。例如聽到「高聲、速度不快、激烈、一陣一陣地吠叫聲」，且是從庭院中的狗狗所發出，而且吠叫的結果是飼主都會出現在牠的面前，那麼我們就可以從中分析得知，這種叫聲是狗狗在訴說「馬麻～馬麻～讓我進去、讓我進去嘛～」，很明顯地是一種有所要求的吠叫。

這種著眼於上下文的方式，不但對於分析狗狗的吠叫聲有所幫助，對於正確解讀狗狗的動作或行為也非常重要。

如果我們能比之前更加注意狗狗的某個動作或行為是在什麼情況下出現，以及出現時的前後是否發生了什麼事，就能更加正確且深入地了解狗狗的心理狀態。

所謂語言的上下文，包括了話語中所描述的場景以及前後詞彙的組合

飼主如果對此出現反應就正中狗狗下懷了。

除了狗狗的吠叫方式之外，
如果還有注意到當時的狀況以及前後是否發生了什麼事…

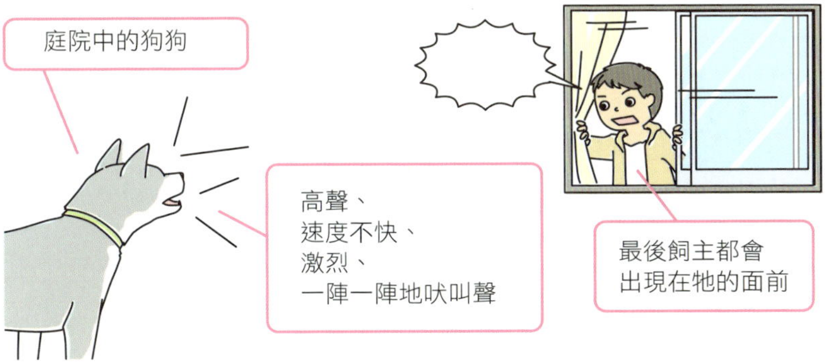

就能夠判斷出這是屬於有所要求的吠叫。

6-04

長嚎

興奮　確認　開心、高興　其他

一般認為狗狗的長嚎，是牠們在成長階段中的某個時期，受到遺傳因子的影響，聽到某種特定音頻且不間斷的拉長嚎叫聲後，就會想要加以呼應，然後再因為某個事件開啟了狗狗的學習開關，於是才學會了這種行為。而且這個學習開關還必須要在狗狗成長階段的某個特定時期才會打開。

像我家的狗狗大福，在一歲之前只有對救護車警笛的「喔咿～喔咿～」聲出現過一次反應，就是因為受到遺傳因子的影響，所以才打開了大福的開關。不過接下來才是重點。

當大福聽到救護車警笛並發出「嗷嗚嗚嗚～」的聲音後，並沒有引發任何結果。先前說過，行為頻率之所以會增加，是因為行為的結果會引發「好事發生」或「討厭的事物消失」。但因為大福試著發出長嚎後並沒有產生任何結果，因此就不會繼續學習這個行為。自那次之後，大福再也沒有出現過長嚎聲。

不過如果是在過去經常把狗狗飼養在屋外的時代，那就不一樣了。狗狗聽到遠處不知是誰所發出的長嚎聲後，自己也在遺傳因子的作用下跟著呼應而發出長嚎聲，結果這時候就彷彿提問與應答（call-and-response）的音樂一樣，遠處再次傳回來了長嚎聲。這種回應的長嚎對狗狗而言，就是一種「好事」發生，於是狗狗就自然而然地學習到了長嚎。

如今因為狗狗大部分飼養在室內，因此這種自然學習到長嚎的機會越來越少，幾乎沒有什麼狗狗會發出狼長聲了。

不過還是有少數的機會會讓狗狗學會長嚎，例如飼主的歌聲、樂器或是警笛聲等聲響，也可能會開啟狗狗的長嚎開關，而飼主聽到狗狗長嚎後又會大驚小怪，當行為會引發好的結果時，狗狗當然就會學習到要做出這個行為了。

在電視節目中有時候會看到能夠配合音樂唱歌的狗狗，也是因為這種理由而學會的。

6-05

習慣性的吠叫

警戒 要求 不安 興奮 其他

狗狗身上本來就是帶著吠叫的遺傳基因誕生到這個世界上，但即使每隻狗狗都有吠叫的基因，還是有愛不愛叫的分別。就算是相同的雙親，生下來的狗狗也可能會有很愛叫與不愛叫的差異。要說為什麼會有這樣的差異，答案就是學習所造成的。

遺傳基因並不能決定一切，頂多就是在某種程度上決定了個體擁有什麼樣的才能，或是個性比較傾向哪裡而已。

例如某人的基因決定了他擁有音樂方面的才能，但就算是再棒的音樂才能，如果沒有能夠讓其發展的環境，這項才能也不會開花結果。另外，之前曾說過長嚎會受到遺傳基因的影響，但狗狗即使聽到了遠處傳來的長嚎聲，還是需要在成長階段的某個時期觸動了學習開關後，才會學習到這種吠叫方式，如果沒有在那個特定時期打開開關，之後就算聽到類似的聲音也不容易學習到這種行為。這兩個例子都是同樣的道理。

狗狗最容易學到（打開學習開關）警戒性吠叫的時期，以筆者的經驗是在社會化期末期的4～5月大到一歲左右。狗狗就是從這個時期開始吠叫，然後再一直不斷學習。

當然，就算打開了開關讓狗狗開始吠叫之後，如果牠吠叫的後果是什麼事都沒發生，那麼牠吠叫行為的學習過程就不會那麼容易進行下去。

有一點希望讀者特別注意，如果讓狗狗一切都順其自然，換句話說，也就是只是養著而不去管牠的飼養方式，會讓狗狗的學習開關特別容易打開，而且學習過程也會很容易進行下去。開關之所以特別容易打開，是因為狗狗在社會化期的時候，沒有受到充分的社會化教育。由於不習慣人類社會的各項刺激，因此比起充分社會化的狗狗，會擁有更強烈的警戒心，也更容易出現吠叫的反應。

再加上重複地體驗到警戒的對象（聲音、物體、人類等等）會因為自己吠叫而消失，於是吠叫行為就越來越嚴重。

雖說狗狗是習慣性的吠叫，但這個不好的習慣其實是飼主本身讓狗狗養成的。

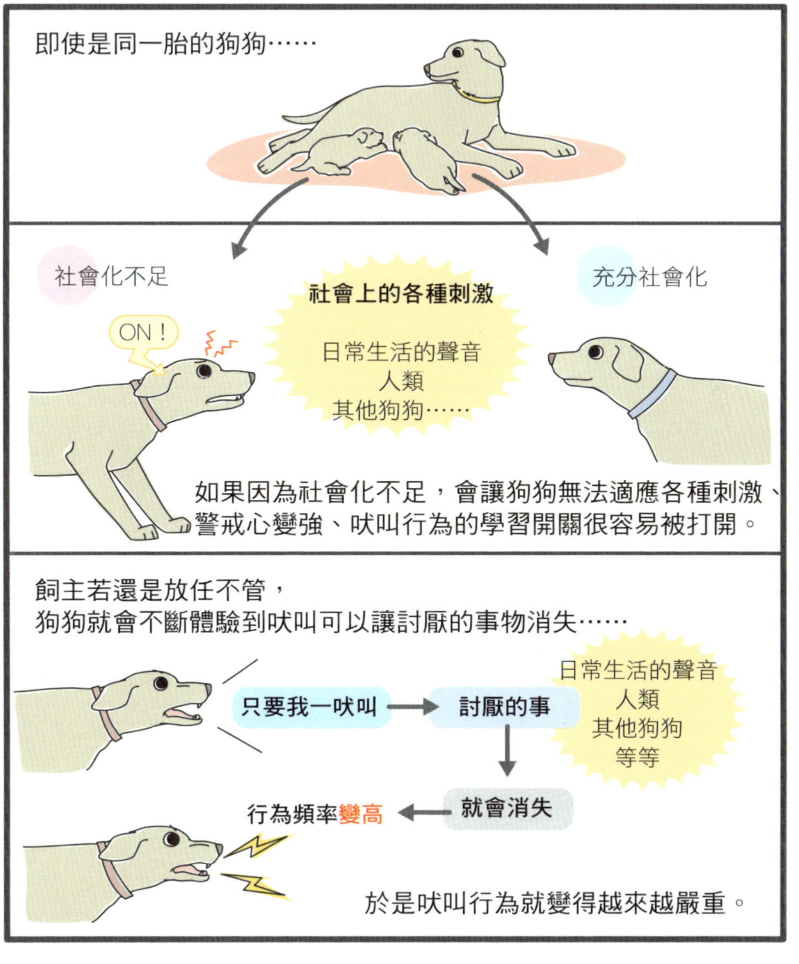

6-06

低吼

威嚇、警告 警戒 生氣 不安 恐懼

目前大多數人均已擁有正確的觀念，知道狗狗與狼雖然擁有共同的祖先，但在行為和習性上有許多地方是不同的，同時也知道「因為狼會這樣，所以狗狗也一定也會如此」的說法，是一種荒謬的言論。

狼並不會發出汪汪的叫聲，牠們為了彼此溝通而發出的聲音，是低吼和狼嚎。

由於狼位於食物鏈的上層，不需要用吠叫聲來趕走其他的動物，而進行狩獵行為時，也是盡可能地想要把獵物逼到絕境，因此同樣也沒必要汪汪地吠叫。

有一種說法認為在演化過程中，狗狗原本就不是從狼直接分支演化而來，而有可能是在這期間所出現的中間物種，牠們和人類之間的逃走距離很短，且擁有吠叫的能力，之後這種吠叫能力被人類所利用，於是這個中間物種就漸漸地被家畜化了。而狗狗之所以會汪汪地吠叫，無非是人類為了強化牠們的這種行為，於是不停地進行選擇性育種和品種改良而培育出來的。

的確，要把位在食物鏈上層的狼加以家畜化，其危險性和所付出的勞力與可能得到的利益相比，想一想都知道實在是太不划算了。

不過，儘管說狼和狗並不相同，但有關狗狗的低吼行為，的確是從狗狗與狼的共同祖先所繼承而來的行為之一。

狗狗在低吼時，通常會先把鼻頭皺起來，然後隱約露出犬齒，發出低沉的吼音，向對方彰顯自己強大的存在。狗狗一開始會小聲低吼，隨著威嚇或警告的程度增加，低吼聲會越變越大聲。由於牠們已經發出了強烈的威嚇或警告訊息，這個時候如果將手伸到牠們面前極有可能被咬，因此務必要十分注意。

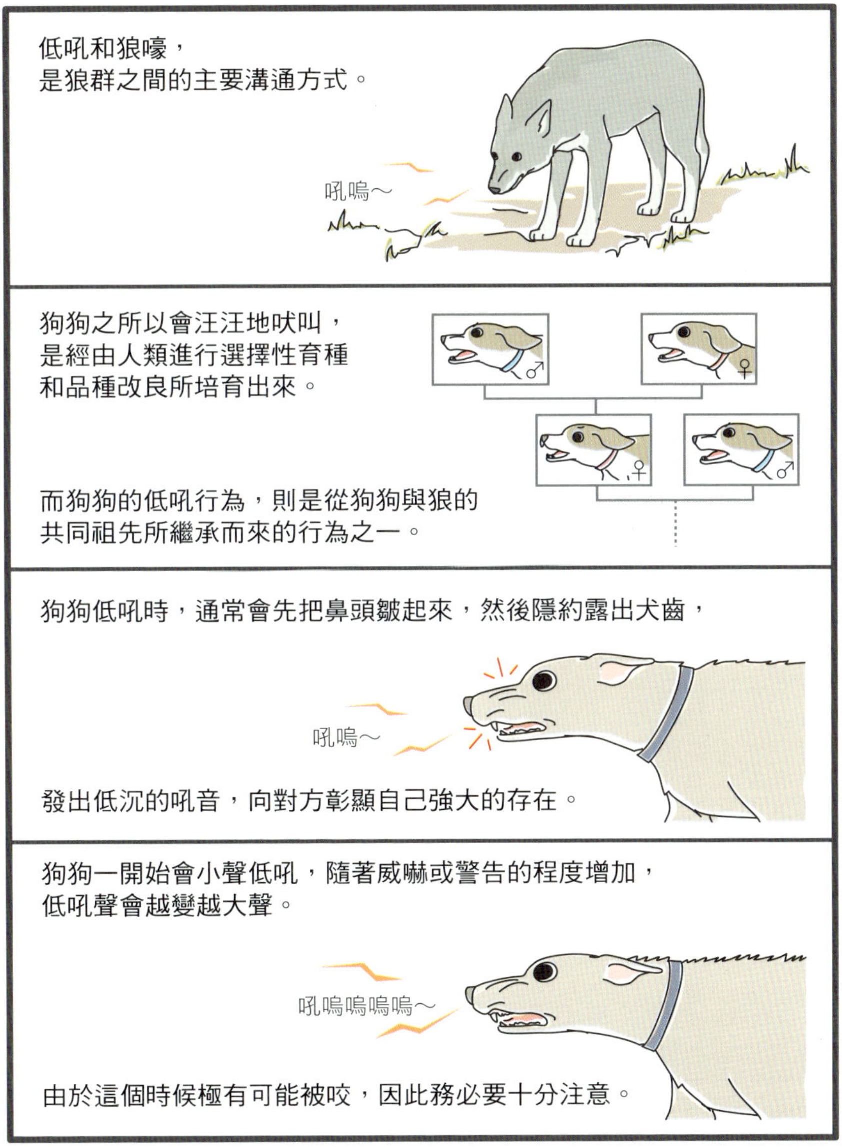

6-07

獨自在家時不停吠叫

舒服 壓力 不安 興奮 要求 其他

之前已說明過，狗狗沒有所謂的胡亂吠叫，所有的吠叫行為，不是為了讓好事發生，就是為了讓討厭的事消失。

例如狗狗獨自在家裡時不停吠叫的行為。

如果自己不做點什麼，感覺會越來越不安，只好做某些事情的時候，就能夠降低自己的不安感。我們人類偶爾也會有這種感覺，而狗狗就是藉由吠叫來降低自己的不安感，換句話說，也就是可以讓討厭的事消失。

再來就是一直吠叫可能會讓狗狗覺得很舒服。有說法認為，以同樣的節奏進行某種特定行為時，會讓腦內分泌一種名為β腦內啡（β- endorphin）的物質，能讓動物產生愉悅感，因此不停地吠叫也有可能使狗狗體內產生這種物質。

有的狗狗則是透過學習而出現這種行為。當狗狗發現自己一直不停地吠叫之後飼主就回家了，儘管飼主回家與狗狗的吠叫沒有關係，但對狗狗而言，吠叫的結果是好事發生，或是消除了不安感。

還有另一種情況會讓狗狗獨自在家時不停吠叫，就是當牠聽到一些輕微的聲響或動靜時，覺得可能有外來者要入侵自己的地盤，於是用吠叫去驅趕它，而且每次都會成功。

不管是上述的任何一種情況，飼主都不能放任不管，除了會造成鄰居們的困擾之外，讓狗狗一直處在不安的心理狀態下，對狗狗而言也很殘忍。

不論是哪個原因造成狗狗吠叫，都可用下列兩種訓練方式加以矯正。一個是訓練狗狗可以待在蓋了布的運輸籠內，即使看不到飼主也能安靜休息的籠內訓練。另一個則是即使飼主離開房間，狗狗也能維持「趴下」姿勢的「等待」訓練。若能順利完成這兩種訓練，之後狗狗單獨在家時，應該就會漸漸進步了。

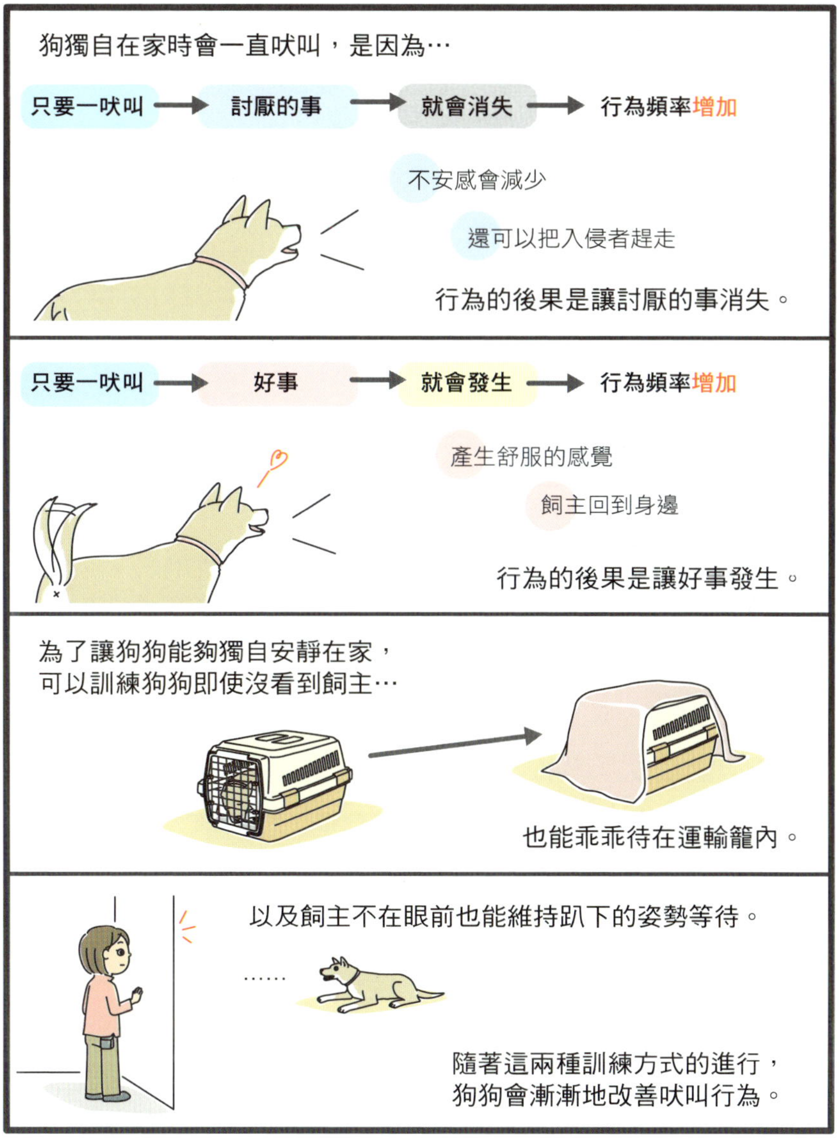

6-08

不安

要求

幼犬晚上一直叫

筆者在20多年以前，會在家裡幫忙照顧不到2個月大的幼犬約一個星期，10年之間照顧了大概有500隻以上的幼犬。從當時的經驗來看，夜間被留在客聽的幼犬，約有三至四成的比例會輕聲地嚶嚶叫，有一成的比例會激動地唉唉哭叫。

這是理所當然的，幼犬就和人類2～3歲的幼兒一樣，把牠們毫無理由地帶到自己家裡，講難聽一點其實就跟綁架一樣，幼犬們一定會感到很不安，不斷抽抽搭搭地哭叫媽媽～媽媽～，其中就算有幼犬發出激烈的哭喊聲，那也沒什麼好奇怪的。

我自己一開始也不知道該如何是好，因此有連續好幾個晚上都是夜不成眠。不過，經過我嘗試過各種方法之後，總算找出解決辦法，不再受幼犬夜晚哭叫不休的困擾了。

經過反覆地進行試驗之後，我好不容易摸索到了一個方法，那就是將幼犬的的運輸籠蓋上一塊布保持籠內的黑暗，然後將運輸籠拿進我的臥室放在床邊手伸得到的位置，讓幼犬睡在籠內的時候，可以感受到我睡眠時的呼吸聲。

如果幼犬哭叫的話，我就會用手輕輕拍打運輸籠，通常這個時候牠們就會停止哭叫了，重複幾次之後，夜間哭叫的行為大部分都會在一週之內漸漸消失。

相反地，如果把幼犬放在圍欄裡休息睡覺，則完全無法讓牠們停止哭叫。尤其是圍欄內放了尿布盤和睡墊，然後安置在客廳裡的情形會特別嚴重。由於圍欄的四面沒有遮掩，會讓幼犬晚上特別容易感到孤獨，而且因為從外面可以把圍欄內看得一清二楚，也不會讓幼犬有待在巢穴中的感覺，幼犬根本無法安心入睡。

幼犬將來會不會經常激烈地發出要求性的吠叫，會不會因為分離焦慮症而吠個不停，都取決於幼犬來到家裡後第一個星期的飼養方式。正所謂好的開始是成功的一半，飼主務必要特別注意。

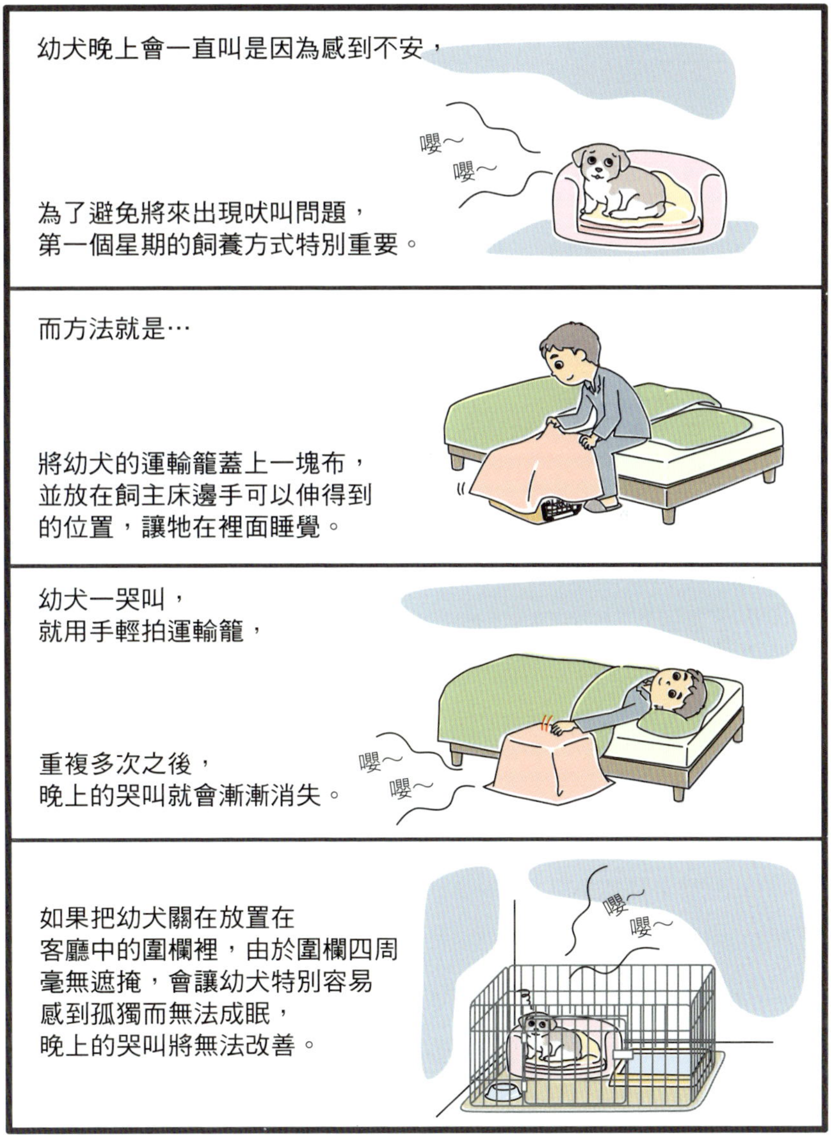

6-09

要求　警戒　其他

黎明時的吠叫

狗狗對於事件發生的前兆非常敏感，例如每天在飼主起床之前，會有送報人員來送報紙，如果狗狗剛好在這個時候對他吠叫，接著飼主又起床了，就會完美地形成了「送報人員的動靜（前兆＝前導刺激）→吠叫（行為）→飼主出現（結果）」所謂三項後效強化（詳見第88頁），於是之後狗狗每次只要一感應到送報人員的動靜，就會發出吠叫。

另外，也可能有別的原因造成狗狗在黎明時吠叫。以「鄰居的狗狗散步時，家裡的狗狗一聽到牠的動靜馬上就開始吠叫」為例，如果是不善於和其他狗狗相處的狗狗，之所以會吠叫是因為牠發覺只要自己一吠叫就可以趕走對方，所以下次也會繼續做出這種行為。如果是能和其他狗狗融洽相處的狗狗，雖然牠所發出的「來玩嘛！」叫聲不會得到直接的回應，但飼主這個時候通常會現身然後責罵牠「不要吵了！」，對狗狗而言就等於發生了好事。

不管是哪一種原因，解決的方法都是不要讓狗狗感應到會刺激牠吠叫的前兆。然而這並不是那麼容易，因為這些前兆或刺激都發生在飼主還在睡覺的時候，要加以防範實在是有些困難。不過，不需要特別針對那些前兆加以防範，依然可以解決狗狗一大清早吠叫的問題。

會刺激狗狗吠叫的前兆，大部分是發生在住家周圍的聲音或視覺上的刺激，例如送報人員的動靜、曬進家中的陽光、鄰居家狗狗散步時的聲音等等。

飼主可以在家中找一個最不容易感應到這些刺激的地方，作為狗狗睡覺休息的場所，建議可以選擇飼主的寢室，因為這裡通常是家裡最安靜的地方，就像是前一篇小狗狗在夜間哭叫的處理方法一樣。

有些狗狗會在睡在二樓的飼主起床時吠叫（狗狗平常在一樓客廳的圍欄內睡覺），甚至還會一直吠叫到飼主出現在牠眼前為止。如果是這種情況，晚上讓狗狗在飼主的寢室睡覺也可以解決這種令人困擾的吠叫問題，因為狗狗一旦感應到飼主起床的動靜時，馬上就可以看到飼主。

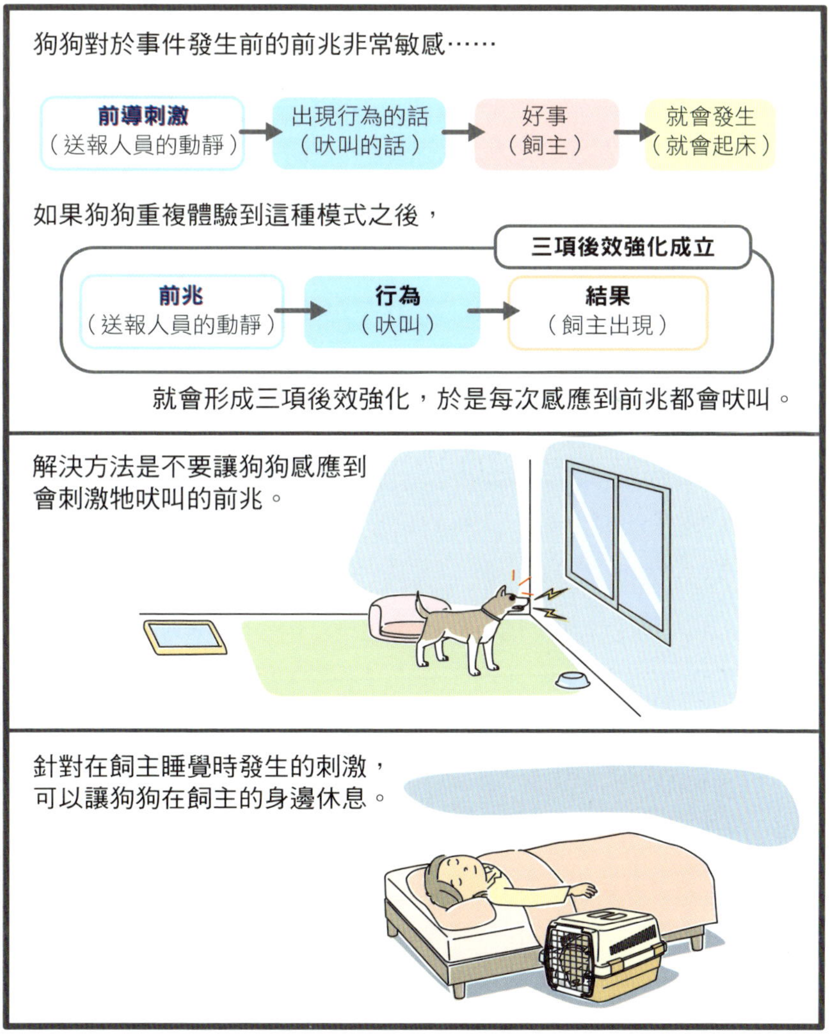

6-10

對著鏡子吠叫

要求 威嚇、警告 其他

就像我們的成人禮一樣，大部分的狗狗在某一個時期會對著鏡子裡的自己吠叫，不過不久之後就會失去興趣。

在心理學中有一個試驗，以好幾種動物為試驗對象，在牠們身上抹粉或塗上顏料後，再讓牠們照鏡子觀察牠們的反應。如果動物出現想要把自己身上的粉末或顏料抹掉的反應時，就表示牠們能夠辨認出鏡子裡的影像就是自己。

我曾在動物心理學會的研討會上，看過以山豬為試驗對象、在牠的身體塗上顏料後讓牠照鏡子的試驗過程影片。山豬本身有一種習性，當牠們發現有外來者入侵自己的地盤時，會立刻發動攻擊，若是在沒有任何準備的情況下讓牠照鏡子，山豬一定會一頭衝向鏡子把鏡子撞破，因此影片中的試驗人員事先將山豬關進柵欄後，再把鏡子放在柵欄外給牠看。

結果就如同預想的情況一樣，山豬為了衝向鏡子用力地撞在柵欄上，不過由於鏡中的對方沒有逃走還一直待在原地，不久之後山豬就對鏡子毫無興趣、趴在鏡子前面睡覺了。就如同學習理論一般，不會引發任何後果的行為，不久之後就不再出現。

至於狗狗的反應，雖然不會像山豬一樣去衝撞鏡子，不過也是會採取類似的行為。牠們會對著出現在自己面前的狗狗身影吠叫，要牠們「快走開！」或是「來玩吧！」，不過因為不管牠們再怎麼叫也不會發生任何反應，沒多久之後狗狗就會對鏡中反射出來的自己毫無興趣了。

順便說明一下，從這個試驗中，我們可以得知山豬和狗狗都無法認出鏡子中的身影就是自己。而能夠通過這項試驗，認出鏡中的身影就是自己的，僅有三歲以上的人類、黑猩猩等靈長類，以及海豚、大象等少數動物而已。

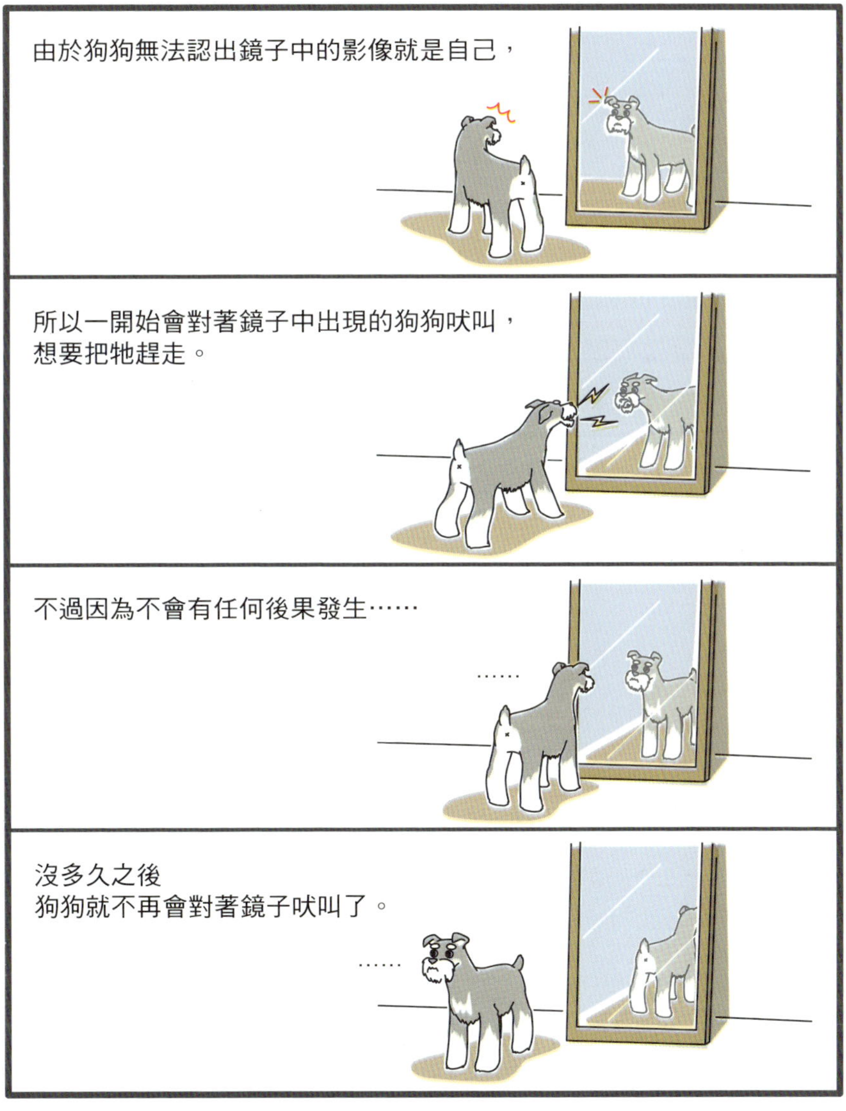

6-11 對著莫名其妙的方向吠叫

不安 警戒 其他

偶爾會有人問我說「為什麼我家的狗狗有時候會對著天花板的角落或牆角吠叫啊？」，雖然我一開始都會回答說「可能是看到神隱少女裡面的小煤球了吧」或是「說不定你家的狗狗可以看到幽靈喔」，不過那當然都是開玩笑的。

其實這種現象，幾乎都是因為狗狗聽見了我們人類聽不到的聲音所做出來的反應。我們人類聽不到的聲音可以分成兩種，分別是聽不到音頻和聽不到音壓。本書第76頁有提過，狗狗能聽到的音頻範圍比我們人類還高，我們只能聽到2萬赫茲左右，而狗狗可以聽到4萬5000赫茲。例如犬笛，可以發出3萬赫茲左右的聲音，在狗狗可以聽到的音頻範圍內，所以雖然我們人類聽不見犬笛發出來的聲音，狗狗卻能聽得一清二楚。

至於音壓，則是狗狗可以聽見我們無法察覺的微弱聲音並做出反應，牠們能夠聽到微弱聲音的能力，大約是人類的4倍左右。

過去有一段時間，我開設的狗狗行為教室是在一間租來的老舊公寓的房間裡上課，那個房間裡有一個美容師洗狗狗用的水槽，可能是因為水槽配管的問題，偶爾會發出「啵叩啵叩」的聲音，每次只要那個聲音一響起，上課的狗狗中一定會有一隻對著那個聲音吠叫。

假設我們和狗狗住在公寓裡，當隔壁的隔壁的樓上住戶在洗澡時，一定會發出一些排水的聲音吧。雖然我們人類聽不到，但狗狗可是能夠聽得一清二楚，所以這個時候如果牠對著聲音的方向叫，也不是什麼難以想像的事。

當然，聲音的源頭不只是排水的聲音，不過，以此推論，應該是住在公寓裡的狗狗比較會對著什麼都沒有的地方吠叫吧？事實上也真的是如此，比起住在透天厝的狗狗，住在公寓裡的狗狗的確會更常對著莫名其妙的方向吠叫。

6-12

門鈴響時吠叫

警戒

威嚇、警告

其他

小狗狗通常是在2個月齡左右時來到飼主的身邊。一開始小狗狗們都不會對門鈴聲有什麼反應，因為對小狗狗來說，牠們完全不知道門鈴響代表了什麼意義。

從開始飼養到4個月齡為止的這個時期，是狗狗的社會化期，狗狗們開始會探索周遭的環境，並透過各式各樣的經驗，來確認和選擇哪些事物或對象會為自己帶來好事，以及哪些事物或對象應該避開比較好。而為了進行確認，狗狗們不得不近距離接觸那些對象。這個時期的狗狗，好奇心是大過警戒心的。

然而過了社會化期之後，狗狗的警戒心就開始大過好奇心，同時領域意識也會增強。

如果沒有給予狗狗充分的社會化教育（例如所有訪客到家裡時都餵給狗狗食物），大部分狗狗會從5個月齡左右開始對入侵自己領域的外來者發出吠叫。當狗狗對於有客人來訪這件事的社會化教育不足時，對入侵者吠叫的學習開關在成長階段的這個時期會特別容易開啟。

大部分的來訪者（例如宅配人員）會在狗狗吠叫的期間離開，結果讓狗狗以為自己的吠叫可以讓討厭的人物消失，於是對著來訪者吠叫的行為出現的頻率就越來越多。

接著狗狗又發現，外來者在入侵自己的領域之前，會有一個前兆出現，那就是門鈴聲。從此之後就形成了「門鈴聲響起（前兆＝前導刺激）→吠叫（行為）→討厭的事物消失（結果）」的三項後效強化模式，造成狗狗一聽到門鈴聲響起就出現狂吠的反應。

小狗狗剛來到家裡時，還完全不知道門鈴聲響起
代表了什麼意義，所以也不會對它吠叫。

如果狗狗對於有客人來訪這件事的社會化教育不足
就會開啟對入侵者吠叫的學習開關。

吠叫的話 → 討厭的事物 → 就會消失 → 行為頻率**增加**

之後一旦狗狗發現門鈴聲就是外來者入侵自己領域的前兆時……

前兆（門鈴聲）→ **行為**（吠叫）→ **結果**（討厭的事物消失）

三項後效強化的模式就會成立。

從此之後狗狗一聽到門鈴聲響起就會出現狂吠的反應。

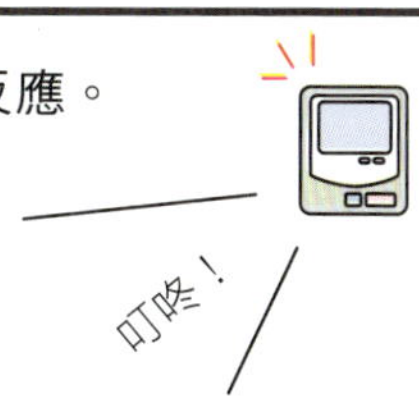

6-13

飼主講電話時吠叫

要求　興奮　其他

近年來大部分的公寓由於安全上的考量，入口的大門通常會自動上鎖，除了住戶之外，其他人並不能自由進出大樓的入口。如果是宅配人員等人想要進去，就必須利用大門的對講機與住戶聯絡並開門後才能進入。從對講機響起到宅配人員實際抵達家門口，需要花費一定的時間，而對講機響起→外來者入侵的這個流程如果不是在數秒內發生，狗狗並不會認為對講機響起＝外來者入侵自己領域的前兆，即使如此，仍是有狗狗會在大樓入口的對講機響起時發出吠叫。

這種吠叫行為，與想要把入侵者趕走的吠叫有很多地方不同，屬於要求性的吠叫。狗狗們懷抱著「一起玩、陪我嘛、我要吃飯、我要散步、抱我」等要求的心態，認為自己的吠叫聲可以促使飼主完成牠的願望。

要求性的吠叫，是因為吠叫後會產生好的結果，所以才讓狗狗養成習慣性的行為，因此改善方法自然就是在狗狗吠叫後不要讓好事發生，也就是不要理會狗狗的要求，行為出現的頻率也就會漸漸減少。

然而，有些情況實在是令飼主不得不理會牠們的吠叫，例如飼主回答對講機或講電話的時候。這是因為即使飼主不理會狗狗，牠們也會持續吠叫一段不短的時間才會停止，甚至還可能為了要飼主理牠而一時吠叫得更激烈，在這種狗狗狂吠的情況下，飼主根本聽不見對方說話的聲音，於是只好拿零食安撫狗狗或把牠們抱起來，結果就等於回應了狗狗的要求。

一開始狗狗學習到的，是在飼主講電話時吠叫飼主就會理睬牠，接著其中有些狗狗還會更進一步地察覺到飼主講電話前的前兆，也就是對講機或電話鈴聲響起的時候，於是在這個時候就開始吠叫。

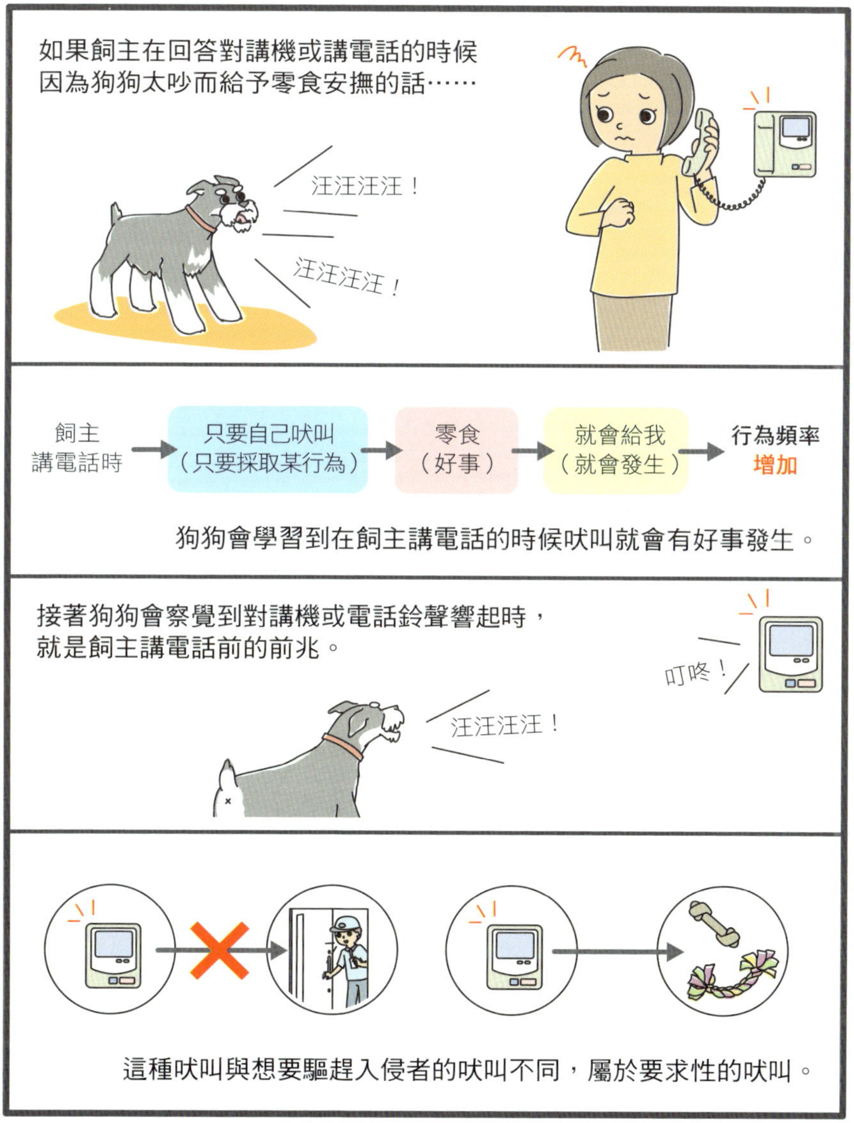

6-14 說夢話

應該已經睡著的狗狗，如果發出微弱的嗚嗚叫聲，或是有氣無力的啊嗚啊嗚的聲音時，就表示牠正在說夢話。

說夢話和睡著後的身體抽動一樣，發生在睡眠中的快速動眼期。這個時候狗狗應該正在做夢，而且說夢話與身體衝動也經常會一起出現。

之前在「睡著時身體抽動」的章節中曾說明過，在我們人類和狗狗的睡眠中，快速動眼期和非快速動眼期兩者會交替進行。以人類來說，每90分鐘為一個週期，其中快速動眼期每次大約持續20～30分鐘，單純計算下來約佔了整趟睡眠的21～33%。而狗狗的週期則是20分鐘，其中有20%屬於快速動眼期。

另外，人類睡著之後，如果是在快速動眼期時叫他，通常都可以馬上清醒過來，但若是在其他時間叫他的話，不是怎麼樣都叫不醒，就是叫醒了之後會有很大的起床氣。但狗狗就不一樣了，雖然可能會有個體差異，但以我家的狗狗大福來說，我一直很想將牠熟睡的睡臉拍攝下來，但從我開始飼養牠起到現在已經過了好幾年了，還是無法成功拍到牠熟睡的睡臉。

每次看到大福睡在運輸籠裡或狗床上，以為「牠應該已經睡著了吧」的時候，只要拿著照相機靠近牠，牠馬上就會半睜著眼睛看著我。就算是睡得四腳朝天（狗狗感到安心而露出腹部的睡姿）也一樣。

當然也有可能是大福特別敏感。不過，事實上狗狗的確是只要有一點點聲響或動靜就會立刻醒來的動物。而且儘管容易清醒的快速動眼期只佔睡眠週期的20%，在其他的時間也非常容易從睡眠中醒來。這應該是一種有利生存而演化出來的適應性行為。

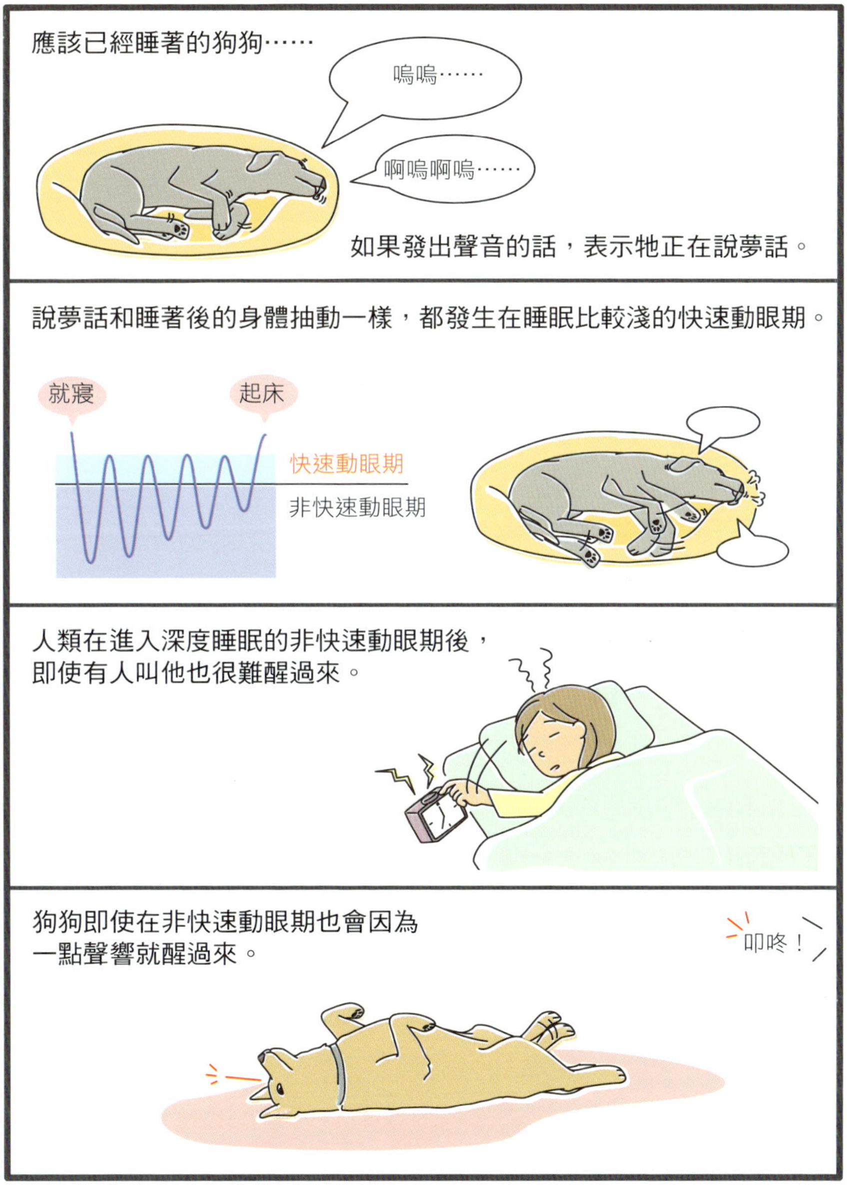

6-15

玩耍時低吼

開心、高興　威嚇、警告　興奮

去觀察小學生的下課休息時間就會知道，一群小學生在玩的時候，到處都是哇～哇～、啊～啊～的尖叫聲，就算彼此在講話，聲音也大的跟尖叫聲一樣，這是因為他們正非常興奮地玩耍著。狗狗也是一樣，不過並非所有的狗狗都是如此，牠們之間是有著個體差異的。

例如狗狗們在玩你追我跑遊戲的時候，其中有的狗狗就會邊追邊對著其他狗狗吠叫。這是因為受到犬種特性的影響，像是喜樂蒂牧羊犬或臘腸犬等犬種就特別明顯。我家的狗狗大福因為混有臘腸犬的血統，所以也很喜歡一邊吠叫一邊追著其他狗狗跑。

有的狗狗甚至會在追上其他狗狗後，咬住牠們脖子附近的皮膚或項圈，然後一邊低吼，一邊咬著對方左右甩頭。

這種低吼與帶有威嚇意味的低吼並不一樣，威嚇是基於不安的心理狀態所做出來的反應，但這種邊玩邊低吼的行為，則並非是因為心裡感到不安，而是因為玩遊戲玩得越來越激動，太過興奮而發出的低吼聲。

如果是和狗狗玩拉扯遊戲，則幾乎所有的狗狗玩到後來都會發出低吼聲，而且也會咬住玩具後左右甩頭，或是想要把玩具扯爛一樣地拼命撕扯。

這邊的低吼則可能帶有害怕玩具被搶走拿不回來的心理，雖然說也不是完全沒有威嚇對方的意思，不過如果真的是想要威嚇對方，狗狗下一步應該是要張嘴攻擊對方才對，但這裡還是以開心的心情居多，並沒有那麼感到不安。

不過也有狗狗會因為過度興奮而亂咬身邊的任何東西，

因此飼主還是需要特別小心。

有關如何與狗狗玩耍，前作《超完美狗狗訓練法》中有更詳細的內容，請各位讀者務必要參考看看。

6-16

邊吠叫邊追著貓咪跑

開心、高興

興奮

狗狗有一種習性，就是會追著會動的東西跑，而且還會想要咬住它，而貓咪就是特別會刺激狗狗這種習性的動物。就跟玩遊戲會出現的興奮反應一樣，會追貓咪的狗狗，大部分都會一邊吠叫一邊追著貓咪跑。

不過並非所有的狗狗都喜歡去追貓咪，像我家也有養貓，但家裡所有和貓咪一起同居的狗狗們中，只有大福會想要追趕貓咪。

一開始和貓咪住在一起的狗狗是小噗。小噗來到我家的時候，家裡已經養了貓咪，小噗一發現貓咪後馬上就想去跟牠玩，不過貓咪不但不逃跑，而且還發出「嘶～」的聲音賞了小噗一頓貓拳。不久之後，小噗一看到貓咪眼神就變得不會和牠直視了。這隻貓咪沒多久之後就去世了，留下了牠的小貓給我們繼續飼養。

大福來到我家的時候見到的就是這隻小貓。這隻小貓因為和小噗一起長大，因此對狗狗沒什麼警戒心，結果大福第一次看到牠馬上就把牠壓倒在地，對大福而言這應該是一件非常開心的事吧，所以之後大福只要一看到小貓，就會邊吠叫邊追著牠跑，小貓則是會逃得遠遠的，於是大福又追得更高興了，就算抓不到小貓也沒關係，大福非常享受這種你跑我追的遊戲過程。

再來是小鐵。小鐵來到我家的時候，家裡依舊是這隻曾被大福壓倒在地的貓咪。這次貓咪就學乖了，為了不重蹈覆轍，貓咪始終與小鐵保持著不會被牠碰到的遙遠距離。然而在小鐵一歲之前，家裡又迎接了一隻新的貓咪，這隻新貓咪看到狗狗不但不會逃走，還會出貓拳攻擊，於是小鐵也和小噗遭受到一樣的待遇，從此之後小鐵也不會去追貓咪了。

這證明了不論是哪種行為，都是根據天生個性與經驗學習這兩者之間的關係來決定形成與否。

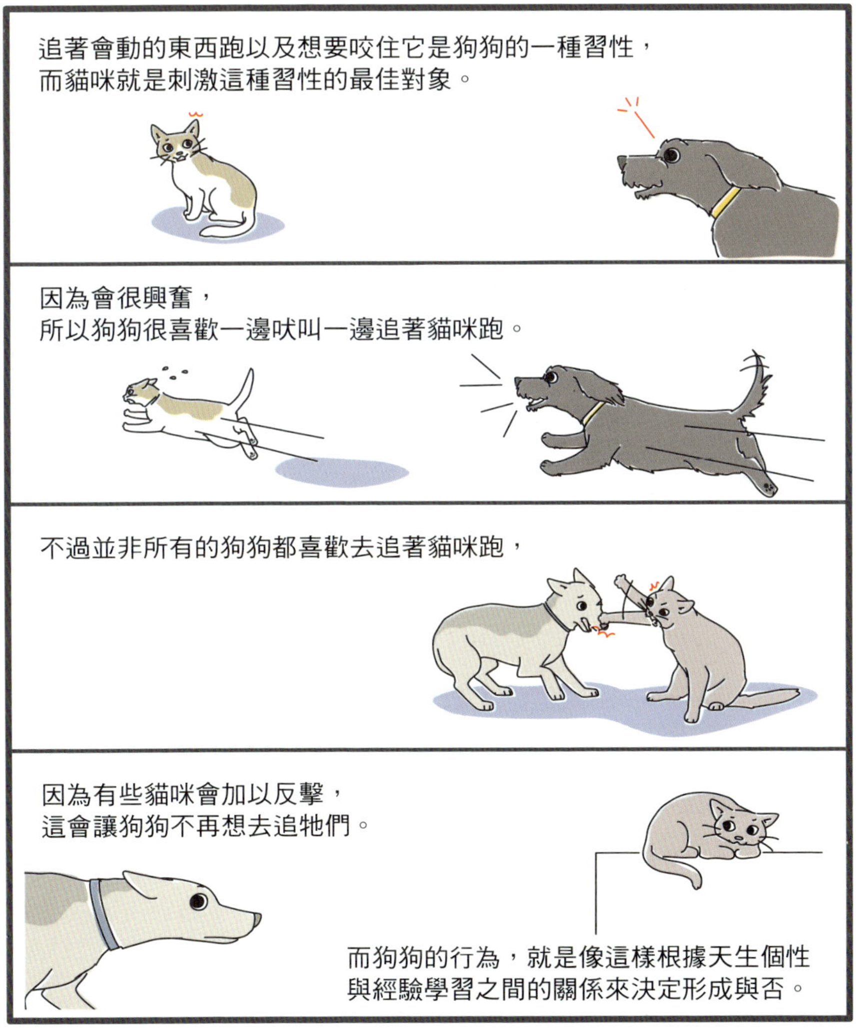

6-17

對著小孩吠叫

警戒　威嚇、警告　不安　其他

如果狗狗在社會化期的時候，對於某些事物從未去適應或是不曾接觸過的話，將來長大以後很可能會對這些事物感到恐懼或厭惡。因此若是狗狗從小沒有接觸過人類的幼童，又沒有積極地讓牠去適應的話，將來看到小朋友很有可能會感到厭惡或害怕。

一般的飼主們都不太清楚狗狗有所謂的社會化期，也不知道社會化教育的重要性。而且現代社會的家庭形式越來越趨向核心家庭，狗狗能從小接觸到小孩子的機會也越來越少，所以有不少狗狗都不太會與人類的小孩相處，也是可以理解的。

而狗狗為了不讓討厭的對象接近自己，自然會想要用吠叫把他們趕走，而且吠叫後不只對方不敢靠近，飼主也會趕快把自己帶離對方，以結果來說只要自己吠叫就可以讓討厭的事物消失，於是狗狗會變得越來越喜歡對著小孩吠叫。就會像門鈴響起時吠叫一樣，不久之後狗狗也會變得光聽到小孩子的聲音就開始吠叫。

還記得安定訊號嗎？如果有人或動物對著狗狗做出與安定訊號完全相反的行為時，會被狗狗認為是在向自己挑釁。小朋友看到狗狗的時候，經常會突然快速地對著狗狗直衝而來，而且還會一直盯著狗狗，或發出巨大的尖叫聲，對狗狗而言，根本就是與安定訊號完全相反的挑釁態度。

我家所養的第一隻狗狗小噗，因為每個星期會有一、兩次跟我一起去幼稚園接家裡的小孩放學，因此對於小朋友們算是很習慣了，可是有的小朋友不但會突然抓住狗狗的耳朵或尾巴，甚至還有小朋友會拿棒子來戳狗狗。由此可知，如果沒有積極地讓狗狗去適應小朋友的話，想必狗狗應該會越來越討厭小朋友吧。

國家圖書館出版品預行編目資料

狗語大辭典：即學即用狗語速成術，透過肢體語言與安定訊號徹底了解狗狗的心聲 / 西川文二著；高慧芳譯. -- 初版. -- 臺中市：晨星, 2014.04

面； 公分. -- (寵物館；25)

ISBN 978-986-177-824-2(平裝)

1.犬 2.寵物飼養 3.動物行為

437.354　　103000954

寵物館 25

狗語大辭典

即學即用狗語速成術，透過肢體語言與安定訊號徹底了解狗狗的心聲

作者 西 川 文 二
譯者 高 慧 芳
執行主編 李 俊 翰
排版 尤 淑 瑜
封面設計 許 芷 婷
校對 陳 珉 萱 、 陳 庠 穎

創辦人 陳銘民
發行所 晨星出版有限公司
台中市工業區 30 路 1 號
TEL:（04）23595820　FAX:（04）23597123
E-mail:service@morningstar.com.tw
http://www.morningstar.com.tw
行政院新聞局局版台業字第 2500 號
法律顧問 陳思成律師
初版 西元 2014 年 4 月 1 日
再版 西元 2017 年 9 月 1 日（四刷）

郵政劃撥 22326758（晨星出版有限公司）
讀者服務（04）23595819 # 230
印刷 啟呈印刷股份有限公司

定價 290 元
（缺頁或破損的書，請寄回更換）
ISBN 978-986-177-824-2

◆讀者回函卡◆

以下資料或許太過繁瑣，但卻是我們了解您的唯一途徑
誠摯期待能與您在下一本書中相逢，讓我們一起從閱讀中尋找樂趣吧！

姓名：　　　　　　　　性別：□ 男　□ 女　　生日：　／　／

教育程度：________________________________

職業：□ 學生　□ 教師　□ 內勤職員　□ 家庭主婦　□ SOHO族　□ 企業主管
□ 服務業　□ 製造業　□ 醫藥護理　□ 軍警　□ 資訊業　□ 銷售業務
□ 其他________________________________

E-mail：________________________________

聯絡電話：________________________________

聯絡地址：□□□________________________________

購買書名：狗語大辭典

・本書中最吸引您的是哪一篇文章或哪一段話呢? ____________________

・誘使您購買此書的原因?
□ 於 __________ 書店尋找新知時□ 看 __________ 報時瞄到□ 受海報或文案吸引
□ 翻閱 __________ 雜誌時□ 親朋好友拍胸脯保證□ __________ 電台DJ熱情推薦
□ 其他編輯萬萬想不到的過程：____________________

・對於本書的評分？（請填代號：1. 很滿意 2. OK啦！ 3. 尚可 4. 需改進）
封面設計 __________ 版面編排 __________ 內容 __________ 文／譯筆 __________

・美好的事物、聲音或影像都很吸引人，但究竟是怎樣的書最能吸引您呢？
□ 自然科學 □ 生命科學 □ 動物 □ 植物 □ 物理 □ 化學 □ 天文／宇宙
□ 數學 □ 地球科學 □ 醫學 □電子／科技 □ 機械 □ 建築 □ 心理學
□ 食品科學 □ 其他____________________

・您是在哪裡購買本書？（單選）
□ 博客來 □ 金石堂 □ 誠品書店 □ 晨星網路書店 □ 其他

____

・您與眾不同的閱讀品味，也請務必與我們分享：
□ 哲學　□ 心理學　□ 宗教　□ 自然生態　□ 流行趨勢　□ 醫療保健
□ 財經企管　□ 史地　□ 傳記　□ 文學　□ 散文　□ 原住民
□ 小說　□ 親子叢書　□ 休閒旅遊　□ 其他____________________

以上問題想必耗去您不少心力，為免這份心血白費

請務必將此回函郵寄回本社，或傳真至（04）2359-7123，感謝！
若行有餘力，也請不吝賜教，好讓我們可以出版更多更好的書！

・其他意見：

晨星出版有限公司 編輯群，感謝您！

請填妥後對折裝訂，直接投郵即可，免貼郵票。

廣告回函
台灣中區郵政管理局
登記證第267號
免貼郵票

407

台中市工業區30路1號

晨星出版有限公司

寵物館

讀者好康

至晨星網路書店購買西川文二老師的《超完美狗狗訓練法》+佐藤惠里奈老師的《最想知道的狗狗問題行為學》套書，原價**589**元，會員現享優惠折扣價**449**元，再享紅利點數回饋：**5%**

詳情請至晨星網路書店查詢

http://www.morningstar.com.tw/bookcomment-2.aspx?BOKNO=0197087